Komm, koch und back mit mir

Kunterbuntes Kochvergnügen für Kinder

Sigrid und Harald Theilig

Komm, koch und back mit mir

Kunterbuntes Kochvergnügen für Kinder

Völlig überarbeitete
und erweiterte Auflage

Illustrationen von Bettina von Hayek

Inhalt

Vorwort

Küchengeräte, die du zum Kochen brauchst _____ 6

Wichtige Maße und Gewichte _____ 8

Kleine Herdkunde _____ 9

Die bunte Welt der Lebensmittel _____ 11

Alles aus Ei _____ 12

Rund um die Milch _____ 20

Leckereien aus Obst _____ 28

Schmackhaftes Gemüse _____ 36

Herzhaftes aus Getreide _____ 44

Kartoffeln für jeden Geschmack _____ 54

Mit Freunden schmeckt's am besten _____ 59

Ein Sonntagsfrühstück für die ganze Familie _____ 60

Picknick im Grünen _____ 66

Wir grillen _____ 72

Meine Geburtstagsparty _____ 78

Eßbare Geschenke _____ 88

Das große Backfestival _____ 92

Rezeptverzeichnis _____ 112

Dieses Buch entstand im Rahmen des Ferienprogramms in Zusammenarbeit mit der Redaktion Kinder, Jugend und Familie des ZDF.

Vorwort

Kochen und Backen ist ein herrliches Spiel und bringt viel Freude, weil du die selbst zubereiteten Speisen genußvoll verzehren kannst. Allerdings muß dabei so manches beachtet werden! Hier wird unser Buch dir ein nützlicher Ratgeber sein. Wir beginnen mit einfachen Rezepten, die dir auf jeden Fall gelingen. Sobald du etwas Übung hast, kannst du dich an anspruchsvollere Gerichte wagen und auch ganze Feste planen. Die Lebensmittel, die du für ein Gericht benötigst, findest du alle auf dem kleinen Einkaufszettel zu jedem Rezept. Und nun viel Erfolg und ein gutes Gelingen!

Sigrid und Harald Theilig

Küchengeräte, die du zum Kochen brauchst

Wichtige Maße und Gewichte

Für die Zubereitung der Gerichte solltest du die angegebene Menge genau abmessen. Denn dann gelingt dir alles gleich viel besser.

Zum Abmessen verwendest du:

Meßbecher

Tasse

Teelöffel

Eßlöffel

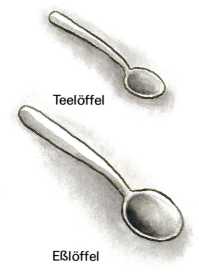

Butter oder Margarine kaufst du am besten in Packungen zu 250 g. In den Rezepten wird die benötigte Menge meist in Eßlöffeln angegeben. Wenn du 60 g Butter oder Margarine brauchst, schneidest du den Block einfach in vier gleichgroße Teile. 30 g sind dann dementsprechend ein Achtel der Packung.

Gewürze werden in kleinen Mengen verwendet. Oft wird im Rezept eine **Prise** angegeben. Das ist die Menge, die man mit dem Daumen und dem Zeigefinger auf einmal fassen kann.

Obwohl wir versucht haben, alle Mengen möglichst einfach anzugeben, brauchst du manchmal eine **Waage.** Übe deshalb das Wiegen doch schon mal, bevor du etwas kochst. Die meisten Küchenwaagen haben eine Schale, in die man das Lebensmittel, das man abwiegen will, legt. Auf einer Anzeigeskala liest du dann das Gewicht ab. Wichtig dabei ist, daß der Zeiger vor dem Wiegen auf 0 steht, bei einigen Waagen mußt du das zuerst einstellen.

Kleine Herdkunde

Wir stellen euch hier einen **Elektroherd** vor.
Euer Herd in der Küche kann natürlich auch etwas anders aussehen. Je nach Modell sind die Herde unterschiedlich ausgestattet. Am besten laßt ihr euch den Herd von euren Eltern ganz genau erklären und bei den ersten Kochversuchen helfen. In vielen Haushalten gibt es auch **Gasherde,** diese laßt ihr euch am besten von euren Eltern ganz genau erklären und euch beim Kochen helfen. Moderne Herde haben keine einzelnen Kochplatten mehr, sondern ein durchgehendes Feld.

Wichtig:
Schalte immer den Herd aus, wenn du aus der Küche gehst. So brennt nichts an und kocht nichts über.
Die Backtemperaturen beziehen sich auf Umluftbacköfen.
Mehr dazu erfahrt ihr auf Seite 92.

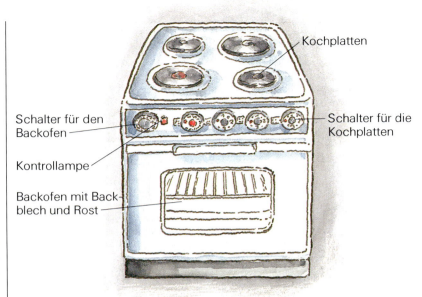

Kochplatten
Schalter für den Backofen
Kontrollampe
Backofen mit Backblech und Rost
Schalter für die Kochplatten

In den Rezepten ist die benötigte Wärmestufe immer genau angegeben.
– Stufe 3 zum schnellen Ankochen und zum Anbraten
– Stufe 2 zum langsamen Weiterbraten
– Stufe 1 zum Weiterkochen heißer Speisen
– Stufe ½ zum Warmhalten
– Stufe 0 – der Herd ist ausgeschaltet

Habt ihr einen Herd mit Automatikkochplatten? Sie haben Schalter mit den Zahlen von 1 bis 12 (oder 1 bis 9). Dabei gilt:

10 – 12 = Stufe 3
 6 – 8 = Stufe 2
 2 – 4 = Stufe 1

Das richtige **Kochgeschirr** für den Elektroherd:
Die Kochplatten auf dem Herd sind verschieden groß. Wähle zum Kochen immer eine Platte, die so groß ist wie dein Topf. So verschwendest du keine Energie und es brennt nichts an.

falsch:
Energie wird verschwendet.

falsch:
In der Mitte brennt alles an.

richtig:
Plattengröße = Topfgröße

Die bunte Welt der Lebensmittel

Komm koch mit uns und lerne deine Nahrung kennen! Eier, Milch, Obst, Gemüse und Getreide sind nicht nur sehr gesund, sondern schmecken auch gut. Auf den nächsten Seiten zeigen wir dir viele Rezepte, die du ganz leicht zubereiten kannst. Das macht Spaß und schmeckt.

Damit dir das Gericht gelingt, lies dir das Rezept aufmerksam durch. Wenn du alle Lebensmittel im Hause hast, die du für das Gericht brauchst, kann's losgehen. Stelle dir zuerst die Lebensmittel und die Kochgeschirre auf die Arbeitsfläche, so daß du während des Kochens nicht noch nach verschiedenen Sachen suchen mußt. Wir hoffen, daß es dir Spaß macht, und wünschen dir guten Appetit!

Alles aus Ei

Im Ei sind viele wertvolle Nährstoffe enthalten. Werden Eier befruchtet und von der Henne bebrütet, schlüpfen daraus nach einiger Zeit kleine Küken. Der Inhalt des Eies ist also für sie die erste Nahrung. Die Eier, die du im Laden kaufst, sind jedoch unbefruchtet. Es gibt braune und weiße Eier, das hängt von der Hühnerrasse ab. Aber beide haben den gleichen Inhalt und die gleichen Nährstoffe. Unten siehst du, wie ein Ei aufgebaut ist. Wenn es frisch ist, ist die Luftblase noch klein und die Hagelschnüre halten den Dotter sehr gut fest. Wenn das Ei älter wird, kannst du das hören. Schüttle das Ei neben deinem Ohr. Hörst du es wackeln? Dann solltest du das Ei nicht mehr verwenden.

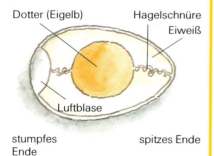

Es gibt jedoch auch noch andere Methoden, zu testen, ob ein Ei frisch ist. Lege das Ei in ein Glas mit Wasser und du kannst dies prüfen.
Das Ei liegt quer auf dem Boden, das heißt, es ist **frisch**. Wenn es schwimmt, ist es älter.

Eierbrot

Für 2 Personen brauchst du:
– 2 Eier
– 2 Scheiben Brot
– 2 Teelöffel Butter
– 2 Salatblätter
– 1 Prise Salz

Außerdem richtest du:
– Eipick
– kleinen Kochtopf
– Messer
– Küchenkrepp
– Eierschneider

Und so wird's gemacht:
1. Du stichst jedes Ei an der stumpfen Seite, an der sich die Luftblase befindet, mit dem Eipick an. Dadurch platzen die Eier beim Kochen nicht.

2. Dann legst du die Eier in den Topf und gießt so viel kaltes Wasser dazu, bis die Eier gerade bedeckt sind. Stelle den Topf auf den Herd und schalte die Platte auf die höchste Stufe.
Wenn das Wasser kocht, schaltest du auf Stufe 1 zurück und läßt die Eier 10 Minuten kochen.

3. In der Zwischenzeit bestreichst du die Brote mit etwas Butter. Dann wäschst du die Salatblätter mit kaltem Wasser gut ab und trocknest sie mit Küchenkrepp ab. Die Salatblätter legst du auf die Butterbrote.

4. Jetzt sind die Eier hart gekocht. Nimm den Topf von der Kochplatte und stelle ihn in das Spülbecken. Laß so lange kaltes Wasser über die Eier laufen, bis sie abgekühlt sind. Nun klopfst du die Eier leicht gegen die Platte und pellst die Schale ab.

5. Lege die Eier in den Eischneider und zerteile sie in Scheiben. Wenn du keinen Eischneider hast, kannst du die Eier auch mit dem Messer schneiden. Lege die Eischeiben auf das Brot und streue etwas Salz darauf.

Gefüllte Eier

Für 4 Personen brauchst du:
– *4 Eier*
– *2 Eßlöffel Mayonnaise*
– *1 Teelöffel Senf*
– *1 Prise Salz*
– *1 Prise Pfeffer*
– *einige schöne Salatblätter*

Außerdem richtest du:
– Messer
– Teelöffel
– kleine Rührschüssel
– Gabel
– Eßlöffel
– Spritzbeutel oder 2 Teelöffel

Und so wird's gemacht:
1. Die Eier kochst du wie bei dem Rezept „Eierbrot" angegeben. Danach schälst du die Eier, schneidest sie der Länge nach mit einem Messer durch und löst mit einem Teelöffel das Eigelb heraus. Sei vorsichtig, das Ei zerbricht leicht! Gib die Eigelbe dann in eine kleine Rührschüssel.

2. Verrühre nun mit einer Gabel die Eigelbe mit der Mayonnaise, dem Senf, dem Salz und Pfeffer. Es entsteht eine gleichmäßige Creme.

3. Fülle diese Creme in einen Spritzbeutel oder eine Plastikspritze und spritze die Creme in die Eierhälften. Wenn ihr keinen Spritzbeutel zu Hause habt, kannst du die Creme auch mit 2 Teelöffeln in die Eihälften setzen.

4. Die fertig gefüllten Eier richtest du auf einer länglichen Platte, die du zuvor mit Salatblättern belegt hast, schön an.

Rührei

Für 1 Person brauchst du:
- 2 Eier
- 2 Eßlöffel Milch
- 1 Prise Salz
- 1 Teelöffel Butter oder Margarine

Außerdem richtest du:
- kleines Messer
- kleine Schüssel
- Schneebesen
- kleine Pfanne
- Bratenwender

Und so wird's gemacht:
1. Schlage die Eier mit dem Messerrücken in der Mitte vorsichtig an, dann brichst du die beiden Hälften vorsichtig über einer Schüssel auseinander und gibst die Eier in die Schüssel. Dann rührst du die Eier mit der Milch und dem Salz mit einem Schneebesen gut durch.

2. Erhitze dann die Butter in einer Pfanne auf Stufe 2, gieße die Eiermilch hinein und laß alles fest werden. Dabei rührst du die Masse ab und zu mit einem Bratenwender durch.

Tomatenei

Für 1 Person brauchst du:
- 2 Eier
- 2 Eßlöffel Milch
- 1 Prise Salz
- 1 Teelöffel Butter oder Margarine
- 1 Tomate

Außerdem richtest du:
- kleine Schüssel
- Schneebesen
- Schneidbrettchen
- Tomatenmesser
- kleine Pfanne
- Bratenwender

Und so wird's gemacht:
1. Schlage die Eier auf, wie im Rezept „Rührei" beschrieben, und verrühre sie mit der Milch und dem Salz.

2. Schneide den Stengelansatz der Tomate heraus, dann schneidest du die Tomate mit einem Tomatenmesser auf einem Brettchen in Scheiben.

Schinkenei

Für 1 Person brauchst du:
- 2 Eier
- 2 Eßlöffel Milch
- 1 Prise Salz
- 1 Teelöffel Butter
- 1 Scheibe Schinken

Außerdem richtest du:
- kleine Schüssel
- Schneebesen
- kleine Pfanne
- Bratenwender
- Schneidbrettchen

Und so wird's gemacht:

1. Schlage die Eier auf, wie im Rezept „Rührei" beschrieben, und verrühre sie mit der Milch und dem Salz.

2. Schneide die Scheibe Schinken in Würfel wie auf der Zeichnung angegeben ist.

3. Gib die Butter in die Pfanne, erhitze sie und brate die Schinkenwürfel darin an. Gib die Eiermilch dazu und lasse alles fest werden. Ab und zu kannst du die Eiermilch mit dem Bratenwender verrühren.

Tip

Laß das Ei nicht zu fest werden, sonst wird es zu krümelig.

3. Erhitze die Butter oder die Margarine in einer Pfanne auf Stufe 2, dann gibst du die Tomatenscheiben hinein und brätst sie eine Minute lang. Nun gießt du die Eiermilch darüber und läßt sie fest werden.

Spiegelei

Für 1 Person brauchst du:
- *1 Ei*
- *1 Teelöffel Butter oder Margarine*
- *1 Prise Salz*

Außerdem richtest du:
- kleine Pfanne
- Messer
- Tasse

Und so wird's gemacht:
1. Gib die Butter oder Margarine in die Pfanne. Schalte die Herdplatte auf Stufe 2 und laß das Fett schmelzen.

2. Dann schlägst du mit dem Messerrücken das Ei in der Mitte leicht an, brichst es mit den Händen über einer Tasse auseinander und läßt das Ei in die Tasse gleiten. Gib es dann in die Pfanne. Laß das Eiklar fest werden, streue eine Prise Salz auf das Ei und laß es aus der Pfanne auf einen Teller gleiten.

Tip

Am besten schmeckt das Spiegelei, wenn du es auf ein Butterbrot mit einem Salatblatt legst. Wenn du unter das Ei eine Scheibe rohen Schinken gibst, erhältst du ein Gericht, das „strammer Max" genannt wird.

Eierpfannkuchen

Für 4 Personen brauchst du:
- *250 g Mehl*
- *3 Eier*
- *3 Tassen Milch*
- *1 Prise Salz*
- *5 - 6 Eßlöffel Margarine*
- *Zimt*
- *Zucker*

Außerdem richtest du:
- Rührschüssel
- elektrisches Handrührgerät mit Rührbesen
- Teelöffel
- Pfanne
- Schöpfkelle
- Pfannenwender
- Eßlöffel
- Porzellanplatte

Und so wird's gemacht:

1. Zuerst bereitest du den Teig zu. Gibt dafür Mehl, die aufgeschlagenen Eier, Milch und Salz in eine Rührschüssel und rühre alles mit dem Handrührgerät auf Stufe 3 einige Minuten lang.

2. Dann gibst du 1 Teelöffel Margarine in die Pfanne. Stelle die Herdplatte auf Stufe 2 und warte so lange, bis das Fett geschmolzen ist.

3. Gieße nun mit einer Schöpfkelle gerade so viel Teig in die Pfanne, daß der Boden bedeckt ist. Warte 1 oder 2 Minuten, bis der Eierpfannkuchen an der Unterseite fest ist. Dann rüttelst du die Pfanne leicht hin und her, damit sich der Pfannkuchen vom Pfannenboden löst.
Vielleicht mußt du mit dem Pfannenwender etwas nachhelfen.

4. Wenn der Eierpfannkuchen an der Unterseite schön goldbraun gebacken ist, wird er umgedreht. Dazu benutzt du am besten den Pfannenwender. Dann gibst du noch einen halben Teelöffel Fett an den Rand der Pfanne. So kann auch die zweite Seite gut bräunen.

5. Die fertigen Pfannkuchen legst du schön auf eine Porzellanplatte und bestreust sie mit Zucker und Zimt.
Wenn du magst, kannst du auch eingemachte Früchte oder Obstsalat dazu essen.
Oder du bestreichst die Eierpfannkuchen mit Marmelade, Honig, Quark oder Schokoladencreme und rollst sie dann auf.

Schinkennudeln mit Ei

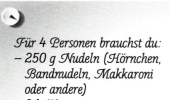

Für 4 Personen brauchst du:
- *250 g Nudeln (Hörnchen, Bandnudeln, Makkaroni oder andere)*
- *2 l Wasser*
- *4 Eier*
- *4 Eßlöffel Milch*
- *1 Prise Salz*
- *1 Prise Pfeffer*
- *200 g gekochten Schinken*
- *1 Eßlöffel Margarine*

Außerdem richtest du:
- großen Kochtopf
- Kochlöffel
- kleine Schüssel
- Schneebesen
- Salatsieb
- große Pfanne
- Pfannenwender

Und so wird's gemacht:
1. Zuerst kochst du die Nudeln. Koche dazu das Wasser mit 1 Teelöffel Salz in einem großen Topf auf Stufe 3 auf. Schütte dann die Nudeln dazu und koche sie auf Stufe 1 gar. Das dauert – je nach Sorte – 8 bis 10 Minuten. Die genaue Kochzeit steht auf der Packung. Ab und zu rührst du die Nudeln mit dem Kochlöffel um.

8–10 min

2. In der Zwischenzeit schlägst du die Eier in eine kleine Schüssel und verrührst sie mit dem Schneebesen. Dann gibst du die Milch, das Salz und den Pfeffer dazu und rührst gut durch.

3. Wenn die Nudeln gar sind, stelle das Salatsieb in das Spülbecken und gieße die Nudeln hinein. Spüle die Nudeln kurz mit kaltem Wasser durch.

4. Nun schneidest du den Schinken in Würfel.

5. Stelle die Pfanne auf den Herd, gib die Margarine hinein und schalte auf Stufe 2. Wenn die Margarine heiß ist, gibst du die Schinkenwürfel in die Pfanne und brätst sie knusprig braun. Dabei kannst du sie ab und zu mit dem Pfannenwender umrühren.

6. Gib die Nudeln dazu und gieße die Eiermilch darüber. Nun läßt du alles braten, bis das Ei fest ist. Rühre ab und zu mit dem Pfannenwender um.

Zu Schinkennudeln schmeckt sehr gut frischer Salat. Auch hierzu findest du in diesem Buch viele Anregungen. Du kannst das Gericht auch mit Tomatenscheiben oder Gurkenscheiben garnieren. Das sieht hübsch aus und schmeckt auch sehr gut.
Oder mische die Schinkennudeln mal mit Gemüse. Gut passen dazu Champignons, die in Scheiben geschnitten werden.

Oder nimm rote, grüne und gelbe Paprikaschoten, die du in kleine Würfel schneidest. Das Gemüse mußt du mit dem Schinken anbraten.

Rund um die Milch

Milch ist ein ganz besonderes Getränk, da es viele wichtige Stoffe enthält, die dich gesund erhalten und wichtig für dich sind.

Wenn du Ferien auf dem Lande machst oder in der Nähe eines Bauernhofs wohnst, dann schau ruhig mal dem Bauern beim Melken der Kühe zu. Die Milch wird anschließend in die Molkerei gebracht, kontrolliert, und meistens kurz erhitzt und in Flaschen, Tüten oder Kartonverpackungen abgefüllt. So kannst du sie dann im Laden kaufen.

Falls dir Milch pur nicht schmeckt oder falls du mehr Abwechslung haben möchtest, mische dir die Milch nach den folgenden Rezepten.

Noch etwas – aus Milch wird in der Molkerei auch Joghurt, Quark und Käse gemacht, die ebenfalls sehr gesund sind, und aus dem Fett der Milch entstehen Sahne und Butter. Du siehst also – Milch ist wirklich etwas Besonderes.

Verwende immer möglichst frische Milch und Milchprodukte. Auf jeder Packung oder auf dem Flaschenetikett ist das Haltbarkeitsdatum aufgedruckt. Bis zu diesem Tag ist die Milch frisch, später aber zersetzen sich die wertvollen Inhaltsstoffe, und die Milch wird schlecht.

Bananenmilch

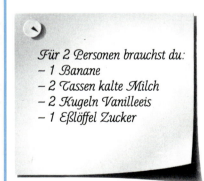

Für 2 Personen brauchst du:
- *1 Banane*
- *2 Tassen kalte Milch*
- *2 Kugeln Vanilleeis*
- *1 Eßlöffel Zucker*

Außerdem richtest du:
- elektrischen Mixer
- Küchenmesser
- 2 hohe Gläser

Und so wird's gemacht:
1. Schäle die Banane und gib sie zusammen mit der Milch und dem Zucker in den Mixer. Schließe den Deckel gut und schalte das Gerät etwa 1 Minute ein.

Erdbeermilch

Für 2 Personen brauchst du:
– 2 Tassen frische Erdbeeren
– 1 Eßlöffel Zucker
– 1 Tasse kalte Milch
– 1 Tasse Buttermilch

Echter Kakao

Für 1 Person brauchst du:
– 1 Teelöffel Kakaopulver
– 2 Teelöffel Zucker
– 1 Tasse kalte oder warme Milch

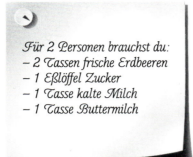
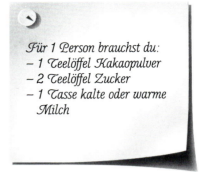

Außerdem richtest du:
– elektrischen Mixer
– 2 hohe Gläser

Außerdem richtest du:
– Tasse
– Teelöffel

Und so wird's gemacht:
Wasche die Erdbeeren sorgfältig und lege die beiden schönsten Früchte zum Garnieren beiseite. Von den übrigen zupfst du die grünen Stengelansätze ab. Mixe die Erdbeeren mit dem Zucker, der Milch und der Buttermilch, wie bei der Bananenmilch gezeigt. Gieße die fertige Milch in Gläser, und garniere sie mit Erdbeeren.

Und so wird's gemacht:
1. Mische den Zucker und das Kakaopulver mit dem Teelöffel in einer Tasse. Verrühre das Gemisch mit wenig Milch zu einer glatten Masse.

2. Fülle die Bananenmilch in hohe Gläser und gib noch 1 Kugel Vanilleeis oder eine andere Eissorte dazu.

Tip

Falls ihr kein Mixgerät habt, nimmst du das elektrische Handrührgerät mit dem Zauberstab.

2. Dann gibst du heiße oder kalte Milch dazu.

Tip

Sehr fein wird der Kakao, wenn du ihn mit einem Eßlöffel geschlagener Sahne und einigen Schokoladeraspeln garnierst.

Selbstgemachter Joghurt

Für 6 Personen brauchst du:
- *1 l H-Milch (3,5 % Fett)*
- *1 Becher Joghurt (3,5 % Fett)*

Außerdem richtest du:
- 1 Milchtopf
- 1 Rührlöffel
- 3–5 Gläser mit Schraubverschluß

Und so wird's gemacht:

1. Gieße die Milch in den Milchkochtopf und erwärme sie auf Stufe 1 langsam. Wenn die Milch lauwarm ist, nimmst du sie vom Herd. Du kannst die Wärme der Milch am leichtesten prüfen, wenn du den Finger kurz in die Milch hältst.
Auf keinen Fall darf die Milch heiß werden, denn die empfindlichen Joghurtkulturen vertragen keine Temperaturen über 42° C.

2. Nun gibst du den fertigen Joghurt zur Milch und verrührst alles gut miteinander.

3. Gieße die Joghurtmilch in die sauberen Gläser und verschließe sie mit dem Schraubverschluß.

4. Nun muß das Ganze 24 Stunden in einem warmen Zimmer in der Nähe der Heizung stehen bleiben. Die Joghurtkulturen verwandeln in dieser Zeit die Milch in Joghurt.

5. Am nächsten Tag stellst du den fertigen, aber noch flüssigen Joghurt in den Kühlschrank, wo er bald so fest wird, wie du es gewohnt bist.
Gekühlt hält sich selbstgemachter Joghurt 3 – 4 Tage.

Und so schmeckt der Joghurt am besten: Verrühre ihn mit frischen Früchten, vor allem mit Beeren schmeckt er im Sommer erfrischend. Auch zu Müsli oder zu Corn-flakes paßt selbstgemachter Joghurt sehr gut.

Tip

Joghurt entsteht aus Milch durch die Tätigkeit von Millionen von Joghurtbakterien, den Joghurtkulturen. Sie verwandeln die Milch so, daß sie fest wird und den köstlichen Joghurtgeschmack bekommt.

Früchte...

...st du:

...us-
...en,
...eren,

– 1 Orang...
– 1 Eßlöffel Vanillezucker
– 150 g Speisequark
– 3 Eßlöffel geschlagene Sahne
– Zimt

Außerdem richtest du:
– 2 Schüsseln
– Sieb
– Zitruspresse
– Eßlöffel
– 4 Dessertschalen

Und so wird's gemacht:
1. Wasche, putze das Obst und schneide es klein. Verlese die Beeren, entferne die Blätter oder Rispen und gib die Beeren in die Schüssel.

2. Presse die Zitrone aus, halbiere die Orange und presse sie ebenfalls aus. Dann gibst du den Orangen- und den Zitronensaft zu dem Obst.

3. Mische den Vanillezucker, den Quark, die Sahne und etwas Zimt mit einem Eßlöffel und richte das Obst damit an. Streue etwas Zimt darüber.

Vanille- oder Schokopudding

Für 4 Personen brauchst du:
- 1/2 l Milch
- 1 Päckchen Puddingpulver (Vanille- oder Schokoladengeschmack)
- 2 Eßlöffel Zucker

Außerdem richtest du:
- kleines Rührschüsselchen
- Schneebesen
- Milchkochtopf, der schmal und hoch ist, damit die Milch nicht so schnell überkochen kann
- Kochlöffel
- 4 kleine Puddingförmchen oder 1 große Form
- 4 kleine Teller oder 1 großer Teller

Und so wird's gemacht:
1. Vermische zuerst das Puddingpulver und den Zucker in einer kleinen Schüssel. Dann gießt du ein wenig von der Milch dazu und rührst alles mit einem Schneebesen um, bis keine Klümpchen mehr zu sehen sind.

2. Die restliche Milch gießt du in den Milchkochtopf, stellst ihn auf den Herd, schaltest auf Stufe 2 und wartest, bis die Milch aufkocht. Dann nimmst du den Topf von der heißen Herdplatte weg.

3. Nun rührst du das Puddingpulvergemisch noch einmal kurz um und gießt es zur heißen Milch; rühre dabei sehr gut um.

24

4. Stelle die Puddingmasse auf die heiße Herdplatte zurück und koche den Pudding noch 1 Minute lang. Immer schön rühren, damit nichts anbrennt!

5. Spüle die Puddingförmchen mit kaltem Wasser kurz aus, dann löst sich der Pudding später leicht aus der Form. Nun gießt du die heiße Puddingmasse hinein.

6. Der Pudding muß nun kalt und fest werden. Dann kannst du ihn auf kleine Teller stürzen. Dazu legst du einen Teller auf die Form, kippst die Form mit dem Teller und hebst sie ab.

Birne im Schokoladenmantel

Für 6 Personen brauchst du:
- *3 große, reife Birnen*
- *2 Tassen Wasser*
- *2 Eßlöffel Zucker*
- *1 Eßlöffel Zitronensaft*
- *1/2 l Milch*
- *1 Päckchen Schokoladenpuddingpulver*
- *2 Eßlöffel Zucker*

Außerdem richtest du:
- Küchenmesser
- Teelöffel
- kleinen Kochtopf
- Milchkochtopf
- Kochlöffel
- kleine Schüssel
- 6 Glasschälchen

Und so wird's gemacht:
1. Schäle die Birnen, halbiere sie der Länge nach und löse das Kerngehäuse mit einem kleinen Löffel heraus.

2. Dann mischst du das Wasser mit Zucker und Zitronensaft und kochst die halbierten Birnen darin auf Stufe 1 schön weich. Ganz reife Birnen sind in 5 Minuten gar, härtere Früchte mußt du länger kochen.

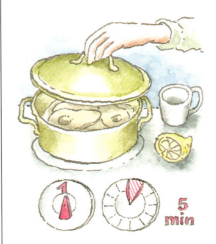

3. In der Zwischenzeit bereitest du aus der Milch und dem Puddingpulver einen Schokoladenpudding zu, wie im Rezept „Vanille- oder Schokopudding" angegeben.

4. Lege jeweils 1 Birnenhälfte in ein Glasschälchen, bedecke sie mit Schokoladenpudding und laß den Pudding hart werden.

Buttermilchkaltschale

Für 4 Personen brauchst du:
- *2 Blätter rote Gelatine*
- *4 Blätter weiße Gelatine*
- *1/2 l Wasser*
- *1 Becher saure Sahne*
- *1/4 l Buttermilch*
- *5 Eßlöffel Zucker*
- *2 Eßlöffel Zitronensaft*
- *1 Teelöffel Vanillezucker*
- *3 Eßlöffel Wasser*
- *etwas Schlagsahne zum Verzieren*

Außerdem richtest du:
– 2 Schüsseln
– Schneebesen
– sehr kleinen Kochtopf
– Glasschüssel

Und so wird's gemacht:
1. Weiche die roten und weißen Gelatineblätter in 1/2 l kaltem Wasser in einer Schüssel ein und laß sie darin etwa 5 Minuten liegen.

2. Vermische in der Zwischenzeit die saure Sahne, die Buttermilch, den Zucker, den Zitronensaft und den Vanillezucker mit dem Schneebesen.

3. Gib nun 3 Eßlöffel Wasser in den kleinen Kochtopf. Dann nimmst du die weich gewordenen Gelatineblätter aus dem Einweichwasser, drückst sie aus und gibst sie dazu.

4. Auf Stufe 1 erwärmst du alles unter ständigem Rühren mit dem Schneebesen vorsichtig, bis die Gelatineblätter sich auflösen. Dann nimmst du den Topf sofort von der Kochplatte.

5. Gib nun etwa 5 Eßlöffel von der Milch-Sahne-Mischung zur Gelatinelösung. Rühre dabei kräftig mit dem Schneebesen, damit sich alles gut vermischt.

6. Gieße die Gelatinemasse in die restliche Buttermilchmischung und verquirle alles gut.

7. Fülle die Buttermilch in eine Glasschüssel und laß sie im Kühlschrank festwerden.

8. Wenn du magst, kannst du die Buttermilchkaltschale mit Sahnetupfern noch hübsch verzieren.

Tip

Gelatine darf auf keinen Fall gekocht werden, da sie sonst die Fähigkeit verliert, die Speisen zu binden. Diese Buttermilchkaltschale wird wegen ihrer hellrosa Farbe auch errötende Jungfrau genannt.

Sahneeisdessert

Für 4 Personen brauchst du:
– *1 Becher süße, eiskalte Sahne*
– *2 Eßlöffel Honig*
– *1 Vanilleschote oder 1 Teelöffel Vanillemark (Fertigprodukt)*

Außerdem richtest du:
– hohe Rührschüssel
– elektrisches Handrührgerät mit Rührbesen
– Schneidbrettchen
– Küchenmesser
– Eßlöffel
– Gefrierdose

Und so wird's gemacht:
1. Gib die Sahne in eine hohe Rührschüssel und schlage sie mit dem elektrischen Handrührgerät auf Stufe 3 sehr steif.

2. Halbiere die Vanilleschote in der Mitte, schlitze die eine Schotenhälfte längs auf und schabe mit einem kleinen Küchenmesser das Mark aus dem Inneren.

3. Mische den Honig mit der Sahne und dem Vanillemark, dann gibst du die Masse in eine Gefrierdose und stellst sie ins Tiefkühlfach.

Leckereien aus Obst

Obst schmeckt zu jeder Jahreszeit. Die Früchte sind sehr gesund und süßen deine Speisen auf ganz natürliche Weise. Eine besonders erfrischende Leckerei aus Obst ist das folgende Eisrezept. Es läßt sich einfach und schnell zubereiten und macht dir bestimmt viel Spaß.

Fruchteis

Für 1 Person brauchst du:
- *1 Tasse Fruchtsaft (Kirschsaft, Orangensaft, Apfelsaft, Pfirsichsaft oder einen anderen Saft, den du gerne magst)*
- *1 l Wasser*
- *2 Eßlöffel Salz*

Außerdem richtest du:
- große Metallschüssel
- kleinere Metallschüssel
- kleinen Teller
- großer Teller
- Teigschaber

Und so wird's gemacht:
1. Am Vortag mischst du Wasser und Salz und gießt es in die große Schüssel.

2. Dann legst du den kleineren Teller auf den Boden der großen Schüssel und stellst die kleinere Metallschüssel hinein. Diese beschwerst du mit einem Teller.

3. Nun stellst du das Ganze über Nacht in den Gefrierschrank. Das Salzwasser wird fest, es gefriert.

4. Am nächsten Tag kannst du dann das Fruchteis zubereiten.

5. Nimm die Schüsseln mit dem gefrorenen Salzwasser aus dem Gefrierschrank und gieße etwa eine halbe Tasse Fruchtsaft hinein. Er gefriert sofort an den Schüsselrändern. Dann nimmst du die Schüssel heraus.

Pfirsich unter roter Haube

Für 4 Personen brauchst du:
- *200 g frische Himbeeren*
- *2 Eßlöffel Zucker*
- *Saft von 1/2 Zitrone*
- *2 Pfirsiche oder 4 Pfirsichhälften aus der Dose*
- *1/2 Becher süße Sahne*
- *1 Teelöffel Vanillezucker*

Außerdem richtest du:
- elektrisches Mixgerät
- Schneidbrettchen
- Küchenmesser
- 4 Dessertteller
- hohe Rührschüssel
- elektrisches Rührgerät mit Rührbesen
- Eßlöffel
- Spritzbeutel

Und so wird's gemacht:

1. Verlies die Himbeeren und wasche sie in einer Schüssel, dann läßt du sie in einem Sieb abtropfen.

2. Gib die Himbeeren mit dem Zucker und dem Zitronensaft in den Mixer und mixe alles auf höchster Stufe.

3. Wasche die Pfirsiche. Dann schneidest du sie in der Hälfte ein, drehst die Hälften auseinander und entfernst den Kern.

4. Lege jede Pfirsichhälfte auf einen Dessertteller.

5. Nun gießt du die Sahne in die Rührschüssel, gibst den Zucker dazu und schlägst alles mit dem elektrischen Handrührgerät auf höchster Stufe steif.

6. Begieße die Pfirsichhälften mit der Himbeersoße.

7. Jetzt füllst du noch die Sahne in einen Spritzbeutel und verzierst die Pfirsiche, so wie du es am liebsten magst.

6. Mit dem Teigschaber löst du nun immer wieder die Eisschicht von den Rändern der Schüssel, bis aller Saft zu Eis geworden ist.

7. Die erste Produktion ist fertig und kann herausgeholt werden. Die zweite halbe Tasse Saft gießt du nun hinein und gefrierst sie ebenso.

Obstsalat

Für 2 Personen brauchst du:
- *1 Apfel*
- *1 Apfelsine*
- *1 Banane*
- *2 Kiwis*
- *1 Eßlöffel Zitronensaft*
- *1 Eßlöffel Zucker oder Honig*
- *1 Eßlöffel Mandelstifte*
- *1 Eßlöffel Rosinen*

Außerdem richtest du:
- Küchenmesser
- Schneidbrettchen
- Schüssel

Und so wird's gemacht:

1. Schäle den Apfel, teile ihn in Schnitze und entferne das Kerngehäuse. Dann schneidest du die Schnitze in kleine Würfel. Gib diese Apfelstückchen in die Schüssel und beträufle sie mit dem Zitronensaft. So bleiben die Apfelstücke schön weiß.

2. Dann nimmst du die Apfelsine, schneidest mit dem Küchenmesser oben und unten eine Kappe ab. Ritze die Schale nun mehrmals mit dem Messer ein und ziehe sie mit den Händen ab.

3. Entferne die weiße Haut gut, dann teilst du die Frucht in Schnitze und schneidest sie klein.

4. Schäle die Banane und dann die Kiwis mit einem kleinen Küchenmesser und schneide beide Früchte in Scheiben.

5. Mische nun die Früchte mit den Apfelstücken und dem Zucker oder Honig. Wenn du willst, kannst du noch einen Eßlöffel Mandelstifte oder Rosinen unter den Obstsalat mischen.

Tip

Bereite den Obstsalat immer mit Früchten der Saison zu, da diese am schmackhaftesten sind, so zum Beispiel Erdbeeren im Sommer, Apfelsinen im Winter.

Himbeermarmelade

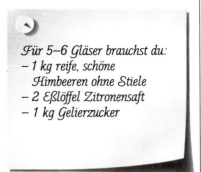

Für 5–6 Gläser brauchst du:
- *1 kg reife, schöne Himbeeren ohne Stiele*
- *2 Eßlöffel Zitronensaft*
- *1 kg Gelierzucker*

Außerdem richtest du:
- großen Kochtopf
- Gabel
- Kochlöffel
- Suppenkelle
- 5–6 Marmeladengläser mit Schraubverschluß
- 5–6 Papierschildchen

Und so wird's gemacht:

1. Gib die Himbeeren in den Kochtopf und zerdrücke sie mit einer Gabel. Dann fügst du den Zitronensaft hinzu.

2. Anschließend erhitzt du die Früchte auf Stufe 3, bis sie kochen. Dabei mußt du ständig mit dem Kochlöffel umrühren, damit nichts anbrennt.

3. Jetzt wird der Gelierzucker dazugegeben. Verrühre ihn mit den Himbeeren und bringe das Ganze wieder zum Kochen. Schalte jetzt zurück auf Stufe 1 und lasse die Fruchtmischung 3 Minuten lang kochen.

4. Fülle die fertige Marmelade mit einer Suppenkelle in die sauberen Marmeladengläser und verschließe sie sofort mit dem Schraubdeckel oder mit Einmachfolie, die du vorher in Wasser gelegt hast.

5. Beschrifte nun die Papierschildchen und klebe sie auf die Marmeladengläser.

Karamelisierte Früchte

Für 4 Personen brauchst du:
- *4 Pfirsiche oder*
  8 Aprikosen
- *2 Eßlöffel Vanillezucker*
- *3 Eßlöffel Butter*
- *1/4 l Orangensaft*
- *Saft von 1/2 Zitrone*

Außerdem richtest du:
- Küchenmesser
- Schneidbrettchen
- Pfanne
- Kochlöffel
- 4 Teller

Und so wird's gemacht:
1. Wasche die Pfirsiche, schneide sie zur Hälfte ein und drehe die Hälften gegeneinander. Entferne den Kern und schneide die Hälften dann in mehrere Spalten.

2. Stelle die Pfanne bei Stufe 1 auf den Herd, laß sie etwas warm werden, dann gibst du den Vanillezucker hinein und läßt ihn vorsichtig bräunen. Er wird zuerst flüssig, dann braun.

3. Gib die Butter dazu, laß sie schmelzen und lege dann die Früchte dazu. Gieße den Orangen- und den Zitronensaft in die Pfanne und laß die Pfirsiche etwa 5 Minuten schmoren.

4. Wenn die Nachspeise fertig ist, serviere sie, wenn du magst, mit Eis. Auch zu Pfannkuchen schmecken die Pfirsiche sehr gut.

Tip

Wenn die Karamelsoße etwas zu dickflüssig ist, kannst du gegen Ende der Schmorzeit vorsichtig ein klein wenig Wasser zugießen.

Apfelküchlein

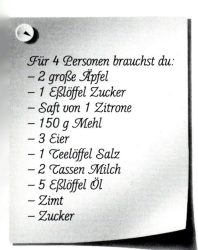

Für 4 Personen brauchst du:
- *2 große Äpfel*
- *1 Eßlöffel Zucker*
- *Saft von 1 Zitrone*
- *150 g Mehl*
- *3 Eier*
- *1 Teelöffel Salz*
- *2 Tassen Milch*
- *5 Eßlöffel Öl*
- *Zimt*
- *Zucker*

Außerdem richtest du:
- Schälmesser
- Küchenmesser
- Schneidbrettchen
- 2 Schüsseln
- Schneebesen
- Eßlöffel
- große Bratpfanne
- Pfannenwender

Und so wird's gemacht:

1. Wasche die Äpfel und schäle sie, schneide jeden Apfel in vier Teile und schneide das Kerngehäuse aus jedem Stück heraus.

2. Dann schneidest du die Äpfel in dünne Scheiben, legst sie in eine Schüssel, streust 1 Eßlöffel Zucker darauf und verteilst den Zitronensaft darüber.

3. Jetzt bereitest du den Teig zu. Gib das Mehl, die Eier, das Salz und die Milch in eine Schüssel und verrühre alles mit dem Schneebesen.

4. Mische dann mit einem Löffel die Äpfel vorsichtig unter den Teig.

5. In einer großen Bratpfanne läßt du 2 Eßlöffel Öl auf Stufe 2 heiß werden.

6. Gib dann jeweils 1 Eßlöffel Apfelteig in die Pfanne und drücke ihn etwas breit und rund.

7. Wenn eine Seite braun ist, wendest du die Küchlein mit dem Pfannenwender um.

8. Brate alle Apfelküchlein auf beiden Seiten schön hellbraun, lege sie auf eine Platte und bestreue sie mit Zimt und Zucker.

Tip

Wenn im Frühling die Holundersträucher blühen, kannst du auch die Blüten in diesem Teig ausbacken. Halte die Blütendolde dazu am Stiel fest, tauche sie in den Teig und brate sie dann in der Pfanne aus.

Aprikosentörtchen

Für 16 Törtchen brauchst du:
- *125 g Margarine*
- *125 g Zucker*
- *1 Päckchen Vanillezucker*
- *2 Eier*
- *150 g Mehl*
- *1 Messerspitze Backpulver*
- *16 Aprikosenhälften aus der Dose*
- *Puderzucker*

Außerdem richtest du:
- Rührschüssel
- elektrisches Handrührgerät mit Rührbesen
- Dosenöffner
- Sieb
- 16 Backförmchen aus Papier
- Eßlöffel
- kleines Sieb
- Holzstäbchen

Und so wird's gemacht:
1. Gib die Margarine, den Zucker, den Vanillezucker, die aufgeschlagenen Eier, das Mehl und das Backpulver in eine Rührschüssel und rühre alles mit dem elektrischen Handrührgerät 2 Minuten sehr gut durch. Es soll ein glatter Teig entstehen.

2. Öffne die Dose Aprikosen mit einem Dosenöffner, schütte die Aprikosen in ein Sieb und lasse den Saft gut abtropfen.

3. Fülle nun in jedes Backförmchen 2 Eßlöffel Teig und lege eine Aprikosenhälfte obenauf.

4. Schiebe das Gitter des Backofens auf die mittlere Schiene, stelle alle Förmchen darauf und schließe den Ofen. Schalte die Temperatur auf 180°C und laß die Törtchen 15 bis 20 Minuten backen.

5. Nimm die Törtchen dann aus dem Backofen, laß sie etwas abkühlen und bestreue sie mit Puderzucker. Am einfachsten ist das mit einem speziellen Streuer. Du kannst aber auch die Törtchen besieben oder einfach mit Sahne servieren.

Tip

Ob die Törtchen gut gebacken sind, kannst du zwar an der Farbe feststellen, manchmal genügt dies jedoch nicht. Nimm deshalb ein Holzstäbchen, am besten einen Zahnstocher oder einen Schaschlikspieß. Steche damit in die Törtchen, dann ziehe es wieder heraus. Wenn nichts mehr am Hölzchen klebt, sind die Törtchen fertig, kleben noch einige Teigreste daran, mußt du die Törtchen oder den Kuchen noch ein wenig backen.

Obstkuchen

Aus dem Teig der Aprikosentörtchen kannst du auch einen leckeren Obstkuchen backen.

1. Fette eine Springform mit einem Teelöffel Margarine gut ein, gib dann den Teig hinein und streiche ihn glatt.

2. Nun belegst du den Teig mit 500 g Obst. Es eignen sich dafür entsteinte Kirschen, entsteinte und halbierte Pflaumen, Apfelschnitze oder Apfelviertel.

3. Backe den Kuchen im Backofen bei 180°C in 25 bis 30 Minuten gar. Besiebe ihn danach mit Puderzucker.

Schmackhaftes Gemüse

Gemüse schmeckt nicht nur sehr gut, sondern ist zudem auch gesund. Wenn du einige Gemüsesorten nicht magst, schau doch mal beim Gemüsehändler nach. Er bietet eine Vielzahl von Sorten an. Am besten schmeckt Gemüse im Sommer oder Herbst, direkt nach der Ernte aus dem Garten. Im Winter kannst du Frisches selbst ziehen. Wie das geht, zeigen dir die beiden folgenden Rezepte. Besorge dir die Samen in einer Samenhandlung, Gärtnerei oder in einem Bioladen.

Auf den beiden Fotos oben siehst du spezielle Keimapparate, die du jedoch nicht unbedingt brauchst.

Kressebrot

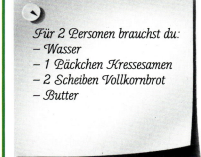

Für 2 Personen brauchst du:
- *Wasser*
- *1 Päckchen Kressesamen*
- *2 Scheiben Vollkornbrot*
- *Butter*

Außerdem richtest du:
– Suppenteller oder Schale aus Porzellan oder Alufolie
– einige Blätter Küchenkrepp
– Sprühflasche
– Schere
– Messer

Und so wird's gemacht:
1. Lege den Boden des Suppentellers oder die Schale mit mehreren Blättern Küchenkrepp aus, besprühe sie dann mit Wasser, bis sie ganz naß sind.

2. Streue die Kressesamen aus dem Tütchen gleichmäßig darauf, nun quillt der Kressesamen durch das Wasser auf und beginnt zu keimen.

3. Achte darauf, daß die Kressesamen immer feucht gehalten werden, denn nur so können sie wachsen. Nach 4 bis 5 Tagen sind die kleinen Pflänzchen etwa 4 cm hoch und haben kleine, grüne Blätter.

4. Nun kannst du ernten. Schneide die Kresse mit einer Schere dicht über der Wurzel ab und lege sie auf die mit Butter bestrichenen Brote.

Sojabohnensprossen

Dazu brauchst du:
- *Mungbohnen*
- *Wasser*

Außerdem richtest du:
- hohes Einmachglas
- Stück Gaze oder Gardinenstoff
- Einmachgummiring

Und so wird's gemacht:
1. Gib die Mungbohnen abends in das Einmachglas und fülle es halbvoll mit Wasser. Dann legst du das Stoffstück darüber und verschließt es mit dem Gummiring.

2. Am nächsten Morgen schüttest du das Wasser durch die Gaze ab und spülst die Bohnen nochmals gut mit Wasser durch.

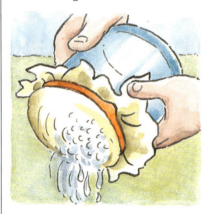

3. Dann stellst du das Glas mit der Öffnung nach unten schräg auf ein Gestell oder auf den Rand eines Tellers, so daß die Bohnen Luft bekommen.

4. Spüle die Bohnen zweimal am Tag mit frischem Wasser durch. Wenn die Keime 1 bis 2 cm lang sind, kannst du sie essen.

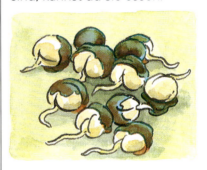

5. Streue die Sojabohnen über den Salat oder bereite eine Chinesische Reispfanne nach dem Rezept auf Seite 51 zu.

Tip

So wie die Mungbohnen, die auch grüne Sojabohnen genannt werden, kannst du alle Hülsenfruchtsorten und Getreide keimen lassen. Sehr gut schmecken Linsen und Erbsen, aber auch Weizen und Roggen.

Gemüsesuppe

Für 4 Personen brauchst du:
- 500 g gemischtes Gemüse (z. B. Möhren, Brokkoli, Lauch und Bohnen)
- 1 Eßlöffel Öl
- 1 Zwiebel
- 1 Bund Petersilie
- Salz, Pfeffer
- 1/2 Teelöffel Paprikapulver
- 2 Eßlöffel Tomatenmark
- 1 l Wasser
- 2 Teelöffel gekörnte Fleischbrühe
- 100 g Nudeln oder Reis

Außerdem richtest du:
- Schälmesser
- Küchenmesser
- Schneidbrettchen
- Schüssel
- Salatsieb
- großen Kochtopf
- Kochlöffel
- elektrisches Mixgerät

Und so wird's gemacht:

1. Zuerst schälst du die Möhren, halbierst sie und schneidest sie in kleine Würfel.

2. Dann putzt du den Brokkoli. Schneide dazu die Röschen ab und wasche sie in einer kleinen Schüssel mit Wasser, schäle die Stiele und schneide sie klein.

3. Entferne vom Lauch die äußeren Blätter, schneide den Stengelansatz und die Blattspitzen ab. Dann schneidest du den Lauch in Streifen und wäschst ihn.

4. Von den Bohnen schneidest du die Spitzen ab, dann schneidest du sie in Stücke.

5. Schäle die Zwiebel und würfele sie (wie das gemacht wird, findest du auf Seite 51). Wasche die Petersilie und schneide sie klein.

6. Gib das Öl in einen Kochtopf, erhitze es auf Stufe 2 und dünste dann das Gemüse mit der Petersilie und der Zwiebel darin an. Würze es mit Salz, Pfeffer und Paprikapulver.

7. Dann gibst du das Tomatenmark dazu, gießt das Wasser über das Gemüse und verrührst alles mit der Fleischbrühe.

8. Erhitze die Suppe nun auf Stufe 3, bis sie kocht, schalte dann zurück auf Stufe 1 und laß sie 10 Minuten auf der Herdplatte stehen.

9. Gib nun die Nudeln oder den Reis in die Suppe und laß sie nochmals 10 Minuten kochen.

Tip

Wer mag, streut sich noch etwas Käse über die Suppe. Manche mögen ihre Gemüsesuppe lieber etwas dickflüssiger. Dazu pürierst du die Hälfte einfach in einem elektrischen Mixgerät, bevor du die Nudeln oder den Reis in der Suppe kochst.

Tomatensuppe

Für 4 Personen brauchst du:
- *500 g Tomaten*
- *1 Zwiebel*
- *2 Eßlöffel Butter*
- *2 Eßlöffel Tomatenmark*
- *1/2 Teelöffel italienische Kräuter*
- *Salz, Pfeffer*
- *1/2 l Wasser*
- *1 Prise Zucker*
- *2–3 Eßlöffel süße Sahne*
- *einige Zweige Petersilie*

Außerdem richtest du:
- Tomatenmesser
- Schneidbrettchen
- Kochtopf
- Kochlöffel
- Küchenmesser
- Sieb
- Schüssel

Und so wird's gemacht:

1. Wasche die Tomaten, entferne den Stiel und schneide sie mit dem Tomatenmesser in Stücke.

2. Schäle die Zwiebel und würfele sie (wie das gemacht wird, findest du auf Seite 51).

3. Gib die Butter in einen Kochtopf, erhitze sie auf Stufe 2 und dünste die Zwiebeln und die Tomaten darin an.

4. Gib das Tomatenmark, das Wasser und die Kräuter dazu, schalte auf Stufe 1 zurück, laß die Suppe 10 Minuten kochen.

5. Dann schüttest du die Suppe durch ein Sieb in eine Schüssel und reibst die festeren Bestandteile durch das Sieb.

6. Gib die Suppe nochmals in den Kochtopf und erhitze sie und würze mit Salz, Pfeffer und Zucker. Dann nimmst du sie vom Herd, läßt sie kurz stehen und rührst die Sahne langsam unter.

7. Wenn du magst, kannst du die Suppe mit kleingeschnittener Petersilie verzieren.

Blumenkohl mit Bröseln

Für 4 Personen brauchst du:
- *1 Blumenkohl*
- *1 l Wasser*
- *etwas Salz*
- *2 Eßlöffel Butter*
- *2 Eßlöffel Semmelbrösel*

Außerdem richtest du:
- Küchenmesser
- Kochtopf
- kleine Pfanne
- Kochlöffel
- Schaumkelle
- Porzellanschüssel

Und so wird's gemacht:

1. Vom Blumenkohl entfernst du die grünen Blätter und schneidest mit einem Küchenmesser die Röschen ab. Den Strunk kannst du kleinschneiden.

2. Wasche dann die Blumenkohlstücke gründlich in kaltem Wasser. Im Sommer, wenn der Blumenkohl aus dem Garten kommt, mußt du ihn ein wenig in Salzwasser liegen lassen.

3. Bringe dann das Wasser auf Stufe 3 zum Kochen, gibst die Blumenkohlröschen und etwas Salz hinein, schalte auf Stufe 1 und laß das Gemüse in 15 bis 20 Minuten weich kochen.

4. Nun bereitest du die Semmelbrösel zu. Erhitze dazu die Butter in der kleinen Pfanne und streue die Semmelbrösel dazu. Auf Stufe 2 bräunst du nun die Semmelbrösel, dabei rührst du mit dem Kochlöffel ab und zu um. Das dauert 2 bis 3 Minuten.

Überbackener Blumenkohl

Für 4 Personen brauchst du:
- 1 Blumenkohl
- 1 Teelöffel Butter
- 150 g gekochten Schinken
- 150 g Käse
- 1 Becher Sahne (200 g)
- 3 Eier
- 1 Prise Salz
- 1 Prise gemahlene Muskatnuß

Außerdem richtest du:
- Kuchenpinsel
- Auflaufform
- Küchenbrettchen
- Küchenmesser
- Rohkostreibe
- Rührschüssel
- Schneebesen

Und so wird's gemacht:

1. Putze und koche den Blumenkohl so, wie im Rezept links angegeben ist. Fette dann die Auflaufform mit Butter ein und gib den Blumenkohl dazu.

2. Schneide den Schinken in kleine Würfel und reibe den Käse auf einer Rohkostreibe. In manchen Geschäften kannst du auch geriebenen Käse kaufen.

3. Dann mischst du in einer Rührschüssel den Käse, die Schinkenwürfel, die Sahne und die aufgeschlagenen Eier mit etwas Salz und der Muskatnuß und gibst dann die Soße über den Blumenkohl.

4. Schiebe den Rost auf die mittlere Schiene des Backofens, stelle die Auflaufform darauf, schalte auf 175°C und laß das Ganze 30 Minuten lang backen, bis der Blumenkohl eine goldgelb gebackene Kruste hat.

Tip

Achte beim Einkauf eines Blumenkohls auf gute Qualität. Ein frischer Blumenkohl hat feste, weiße Röschen, die ganz dicht aneinander liegen.

5. Dann holst du den Blumenkohl mit der Schaumkelle aus dem Topf und legst die Röschen in eine Porzellanschüssel. Bestreue den Blumenkohl zuletzt mit den gerösteten Semmelbröseln.

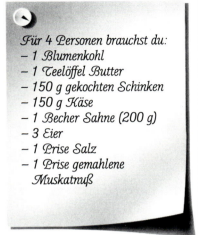

41

Lauchtorte

Für 4 Personen brauchst du:
Teig:
- 300 g Mehl
- 150 g Butter oder Margarine
- 1/2 Teelöffel Salz
- 1 Ei
- etwas Mehl zum Ausrollen
- 1 Teelöffel Butter oder Margarine zum Ausfetten

Belag:
- 1 kg Lauch (Porree)
- 1 l Wasser
- 1 Teelöffel Salz
- 1 Becher saure Sahne
- 3 Eier
- 150 g gekochten Schinken
- 150 g Käse
- 1 Prise Salz
- 1 Prise Muskatnuß

Und so wird's gemacht:
1. Für den Teig gibst du Mehl, Butter oder Margarine, Salz und Ei in eine Rührschüssel und vermischst alles zuerst mit dem Löffel.

2. Dann gibst du den Teig auf ein Backbrett und knetest ihn mit beiden Händen gut durch. Der Teig soll gut fest sein. Danach stellst du ihn für 1 Stunde in den Kühlschrank.

Außerdem richtest du:
- 2 Rührschüsseln
- Löffel
- Kochlöffel
- Backbrett
- Schneidbrettchen
- Küchenmesser
- Kochtopf

- Salatsieb
- Rohkostreibe
- Teigroller
- mittelgroße Springform
- Kuchenpinsel

3. Von den Lauchstangen entfernst du die Wurzelansätze, die grünen Blattspitzen und die äußeren Blätter. Dann schneidest du die Stangen in 2 cm lange Stücke und wäschst diese gründlich in kaltem Wasser.

4. Erhitze jetzt das Wasser im Kochtopf auf Stufe 3. Wenn es kocht, gibst du etwas Salz und den Lauch hinein. Er muß 5 Minuten auf Stufe 1 gekocht werden.

5. Dann stellst du das Salatsieb in das Spülbecken und schüttest den Lauch hinein.

6. Nun schneidest du den Schinken in Würfel und reibst den Käse auf einer Rohkostreibe.

7. Für die Soße mischst du Sahne, aufgeschlagene Eier, geriebenen Käse, Schinkenwürfel, Salz und gemahlene Muskatnuß in einer Rührschüssel.

8. Jetzt holst du den gekühlten Teig wieder hervor. Etwa 3 Eßlöffel Teig legst du beiseite, den Rest rollst du auf einer bemehlten Fläche so groß aus, daß du den Boden der Springform damit auslegen kannst. Dann fettest du die Springform mit dem Kuchenpinsel und 1 Teelöffel weicher Butter oder Margarine gut aus.

9. Nun nimmst du den Teig von der Tischplatte und legst ihn mit beiden Händen in die Springform. Vom übrigen Teig formst du eine lange Rolle, die du als Rand in die Springform legst und mit den Händen noch etwas andrückst. Der fertige Tortenboden wird ohne Belag 10 Minuten bei 175°C vorgebacken.

10. Dann verteilst du zuerst den Lauch auf dem Tortenboden und gießt die Soße darüber. Jetzt wird die Lauchtorte fertig gebacken; das heißt, sie muß noch einmal für 35 Minuten bei 175°C in den heißen Ofen.

Herzhaftes aus Getreide

Getreidekörner sind eigentlich Samen, aus denen neue Getreidepflanzen entstehen können. Die Körner enthalten ein winziges Pflänzchen, den Keimling, den Mehlkörper und viele wertvolle Nährstoffe, die vor allem im Rand des Getreidekorns sind. Wenn das Korn in die Erde fällt und Wasser aufnimmt, sind der Mehlkörper und die Nährstoffe im Rand die erste Nahrung für den kleinen Keimling. Du siehst auf der Zeichnung, wie ein Getreidekorn aufgebaut ist. Und wie der Keimling wächst, kannst du sehr gut beobachten, wenn du die Körner wie die Sojabohnen auf Seite 37 keimen läßt.

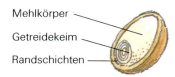

Mehlkörper
Getreidekeim
Randschichten

Die bekanntesten Getreidesorten sind bei uns Weizen, Roggen, Hafer, Gerste und Mais. Die Körner werden nach der Erntezeit meist zu Mehl vermahlen. Wenn das ganze Korn vermahlen wird, erhältst du dunkles Mehl, werden die Randschichten und der Keimling vor dem Mahlen entfernt, bekommst du ganz weißes Mehl. Außer Mehl werden aus Getreide noch Grieß, Flocken und Grütze hergestellt. Auch das Bier entsteht übrigens aus Getreide. In anderen Ländern werden andere Getreidesorten angebaut. In Asien zum Beispiel Reis, in afrikanischen Ländern Hirse.

Selbstgemachte Nudeln

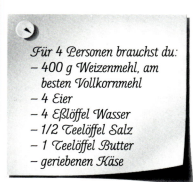

Für 4 Personen brauchst du:
- 400 g Weizenmehl, am besten Vollkornmehl
- 4 Eier
- 4 Eßlöffel Wasser
- 1/2 Teelöffel Salz
- 1 Teelöffel Butter
- geriebenen Käse

Außerdem richtest du:
- Mehlsieb
- große Schüssel
- Gabel
- Messer
- Topf
- Kochlöffel
- Sieb
- Schüssel

Und so wird's gemacht:
1. Siebe das Weizenmehl in eine große Schüssel und drücke in die Mitte eine kleine Mulde. Dahinein gibst du die Eier, das Wasser und das Salz.

6. Die zweite Hälfte rollst du ebenfalls aus und schneidest sie in dünne Streifen. Bringe nun 1 Liter Wasser in einem Topf mit etwas Salz auf Stufe 3 zum Kochen, schütte die Nudeln dazu und lasse alles 5 bis 10 Minuten lang auf Stufe 1 kochen. Rühre dabei ab und zu um.

2. Dann verrührst du mit einer Gabel die Eier mit etwas Mehl, dann verrührst du die gesamten Zutaten.

3. Gib den Teig auf eine Arbeitsfläche und knete ihn gut durch.

4. Dann halbierst du den Teig, legst ihn auf eine bemehlte Arbeitsfläche und rollst jede Hälfte mit dem Teigroller aus. Der Teig sollte so dünn wie ein Löffelstiel sein.

5. Nun schneidest du mit dem Messer dünne Streifen ab; Wenn du ein Teigrädchen hast, kannst du auch dieses nehmen.

7. Die Nudeln sind gar, wenn sie weich, aber innen im Kern noch etwas fest sind. Sie dürfen auf keinen Fall matschig sein. Stelle das Sieb in das Spülbecken und gieße die Nudeln hinein. Lasse sie etwas abtropfen.

8. Gib nun die Nudeln in eine Schüssel und verrühre sie mit etwas Butter und geriebenem Käse.

Tip

Du kannst Nudeln natürlich auch auf Vorrat machen und verschenken. Lege sie dann nach dem Schneiden auf ein Geschirrtuch, paß aber auf, daß sie nicht übereinanderliegen und laß sie über Nacht trocknen. Dann gibst du sie in ein sauberes Glas und hebst sie auf.

Du kannst den Teig auch unterschiedlich schneiden, so zum Beispiel in Rechtecke, die du in der Mitte zusammendrücken kannst. So entstehen hübsche Schleifen. Oder stich deine Nudeln mit kleinen Plätzchenformen aus.

Wenn du die Nudeln verschenken willst, kannst du sie auch färben. Mit etwas Tomatenpüree erhältst du rote Nudeln, mit ausgedrücktem Spinat färbst du den Nudelteig grün und mit etwas Safran gelb. Am einfachsten ist es, wenn du statt dem Wasser Gemüsesäfte unter den Teig knetest.

Spaghetti mit italienischer Tomatensoße

Für 4 Personen brauchst du:
- *2 l Wasser*
- *1 Teelöffel Salz*
- *250 g Spaghetti*
- *1 kleine Dose geschälte Tomaten*
- *italienische Kräutermischung*
- *1/2 Becher Schmand*
- *1 Eßlöffel geriebener Emmentaler*
- *Salz, Zitronenpfeffer*
- *1 Bund Petersilie*

Außerdem richtest du:
– Kochtopf
– Kochlöffel
– Dosenöffner
– Sieb
– Eßlöffel
– Schüssel
– Pfanne
– Salatsieb
– Schneidbrettchen
– Küchenmesser

Und so wird's gemacht:
1. Koche das Wasser mit dem Salz im Kochtopf auf Stufe 3 auf und gib etwas Öl dazu.

2. Dann stellst du die Spaghetti hinein und schaltest auf Stufe 1.

3. Nach kurzer Zeit werden die Spaghetti im Wasser weich und du kannst sie ganz in den Topf hineinschieben. Laß die Nudeln dann 7 bis 10 Minuten kochen. Rühre dabei ab und zu um.

4. Während die Nudeln kochen, schüttest du die Tomaten aus der Dose durch ein Sieb in eine Schüssel und reibst die festeren Bestandteile mit einem Eßlöffel oder Stampfer durch das Sieb.

5. Gib die Tomaten in die Pfanne, verrühre sie mit den Kräutern und erhitze alles auf Stufe 2.

6. Dann gibst du den Schmand, Salz, Pfeffer und den geriebenen Käse dazu.

7. Jetzt sind auch die Nudeln fertig. Stelle ein Salatsieb in das Spülbecken und schütte die Nudeln ab. Wenn du magst, kannst du ein wenig kaltes Wasser über die Nudeln laufen lassen. Man nennt das „die Nudeln abschrecken".

8. Dann gibst du sie in die Pfanne zur Soße und verrührst alles.

9. Zum Schluß schneidest du noch die Petersilie klein und gibst sie zu den Spaghetti. Bestreue das Ganze, wenn du magst, mit etwas geriebenem Käse.

Spaghetti mit Hackfleischsoße

Für 4 Personen brauchst du:
- *1 große Zwiebel*
- *3 Eßlöffel Öl*
- *400 g Hackfleisch*
- *1 große Dose Tomaten*
- *1 Teelöffel Salz*
- *1/2 Teelöffel Pfeffer*
- *250 g Spaghetti*
- *2 Liter Wasser*
- *1 Teelöffel Salz*
- *1 Teelöffel Oregano*
- *1 Teelöffel Senf*

Außerdem richtest du:
- Schneidbrettchen
- Küchenmesser
- flachen Bratentopf
- Bratenwender
- Dosenöffner
- Kochlöffel
- großen Kochtopf
- Sieb
- Schüssel

Und so wird's gemacht:

1. Schäle die Zwiebel und schneide sie in Würfel (wie das gemacht wird, findest du auf Seite 51).

2. Erhitze das Öl im Topf auf Stufe 3, gib dann das Fleisch und die Zwiebel dazu. Brate alles 5 bis 10 Minuten lang und rühre dabei ständig um!

3. Rühre Tomaten, Salz und Pfeffer dazu. Laß alles auf Stufe 1 kochen.

4. Nun kochst du die Spaghetti wie in dem Rezept „Spaghetti mit Tomaten, Kräutern und Sahne" auf der linken Seite beschrieben. Gieße sie danach ab.

5. Schütte die Spaghetti in eine Schüssel.

6. Die Hackfleischsoße würzt du nochmals mit etwas Oregano und Senf. Nun kannst du auch die Soße servieren.

Risotto mit Pilzen

Für 4 Personen brauchst du:
- *1 l Wasser*
- *1 Kochbeutel Reis*
- *1 Teelöffel Salz*
- *1 Zwiebel*
- *10 mittelgroße Champignons*
- *1 Eßlöffel Butter*
- *1 Prise Salz*
- *1 Prise Pfeffer*
- *1 Eßlöffel geriebenen Emmentaler Käse*
- *einige Zweige Petersilie*

Außerdem richtest du:
- Kochtopf
- Kochlöffel
- Gabel
- Salatsieb
- Schneidbrettchen
- Küchenmesser
- Küchenkrepp
- Pfanne
- Küchenschere
- Pfannenwender
- kleine Schüssel
- Eßlöffel

Und so wird's gemacht:

1. Koche das Wasser mit dem Salz in einem großen Topf auf Stufe 3 auf. Dann gibst du den Kochbeutel in den Topf, schaltest auf Stufe 1 zurück und läßt den Reis 10 bis 15 Minuten kochen.

2. Danach nimmst du den Kochbeutel mit der Gabel aus dem Topf. Das geht leicht, denn der Beutel hat an einem Ende eine Lasche, in die du die Gabel stecken kannst. Lege den Beutel dann in ein Salatsieb und spüle ihn kurz mit Wasser ab.

3. Schäle die Zwiebel und würfele sie (wie das gemacht wird, findest du auf Seite 51).

4. Die Champignons reibst du mit feuchtem Küchenkrepp ab. Nun schneidest du sie in Scheiben. Wasche die Petersilie und schneide sie klein.

5. Erhitze die Butter in der Pfanne auf Stufe 2 und dünste die Zwiebel und die Champignons darin an.

6. Schneide den Kochbeutel auf und gib den Reis zu den Champignons in die Pfanne, würze alles mit Salz und Pfeffer.

7. Gib den Reis und die Petersilie mit dem geriebenen Käse dazu und verrühre alles gut.

Tip

Wenn du magst, kannst du noch etwas Sahne zum Reis geben.

Tortellini mit Schinken und Sahnesoße

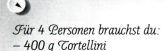

Für 4 Personen brauchst du:
- 400 g Tortellini
- 1 l Wasser
- 1/2 Teelöffel Salz
- 1/2 Teelöffel Öl
- 3 Scheiben rohen Schinken
- 1 Eßlöffel Butter
- 1 Prise Pfeffer
- 1 Bund Basilikum
- 1/4 l süße Sahne
- 3 Teelöffel Zitronensaft
- 1 Eßlöffel geriebenen Käse

Außerdem richtest du:
- Kochtopf
- Kochlöffel
- Schneidbrettchen
- Küchenmesser
- Salatsieb
- Pfanne
- Pfannenwender

Und so wird's gemacht:

1. Gib das Wasser mit dem Salz und dem Öl in einen großen Kochtopf und koche es auf Stufe 3 auf. Dann gibst du die Tortellini dazu und kochst sie 15 Minuten auf Stufe 1.

2. Während die Tortellini kochen, schneidest du den Schinken in Streifen.

3. Gib die Butter in die Pfanne und erhitze sie auf Stufe 2. Dann brätst du den Schinken leicht an.

4. Schütte die Tortellini in ein Salatsieb ab.

5. Gib sie nun zu dem Schinken in der Pfanne und würze alles mit Pfeffer.

6. Wasche das Basilikum und schneide es klein.

7. Dann gießt du die Sahne über die Tortellini, gibst das Basilikum dazu und erwärmst die Nudeln auf Stufe 2 etwa 5 Minuten. Dabei rührst du mit dem Pfannenwender sehr oft durch.

8. Bevor du die Tortellini servierst, gibst du den Zitronensaft und den Käse dazu und verrührst alles.

Milchreis

Für 2 Personen brauchst du:
- 1/2 l Milch
- 1 Prise Salz
- 2 Teelöffel Zucker
- 125 g Rundkornreis
- 2 Eßlöffel Zucker
- etwas Zimt

Außerdem richtest du:
- Milchkochtopf
- Kochlöffel
- 2 Teller

Und so wird's gemacht:

1. Bringe die Milch auf Stufe 3 zum Kochen. Schalte dann auf Stufe 1 zurück.

2. Gib Salz, Zucker und Reis zur Milch und lasse den Reis 30 Minuten lang quellen. Ab und zu rührst du um, damit nichts anbrennt.

3. Verteile den Milchreis auf zwei Tellern und bestreue ihn mit Zucker und Zimt. Sehr gut schmecken auch einige Früchte dazu.

Tip

Die gleiche Menge Milchreis reicht für 4 bis 6 Personen zum Nachtisch. Richte den Reis dann in kleinen Glasschälchen an und garniere ihn mit Früchten.

Chinesische Reispfanne

Für 4 Personen brauchst du:
- *1 Tasse Langkornreis*
- *3 Tassen Wasser*
- *1 Prise Salz*
- *2 Zwiebeln*
- *100 g gekochten Schinken*
- *2 Eßlöffel Öl*
- *2 Eßlöffel Mandelstifte*
- *2 Eßlöffel Walnußkerne*
- *2 Eßlöffel Rosinen*
- *100 g Krabben (frisch oder aus der Dose)*
- *2 Eßlöffel Sojasoße*
- *1 Teelöffel Curry*
- *1 Prise Pfeffer*

Außerdem richtest du:
- kleinen Kochtopf mit Deckel
- Schneidbrettchen
- Küchenmesser
- große Pfanne
- Pfannenwender

Und so wird's gemacht:
1. Zuerst kochst du den Reis. Gib dazu Wasser und Salz in einen kleinen Kochtopf und erhitze es auf Stufe 3. Dann schaltest du auf Stufe ½, gibst den Reis in den Topf und läßt ihn 20 Minuten ausquellen.

2. In der Zwischenzeit bereitest du die übrigen Zutaten vor. Schäle zunächst die Zwiebeln, laß aber die Wurzeln dran und halbiere die Zwiebelknolle.

3. Lege die Zwiebelhälften mit der Schnittfläche nach unten auf ein Schneidbrettchen, schneide sie der Länge nach ein, paß aber auf, daß du sie nicht ganz durchschneidest. Halte die Zwiebelhälften während des Schneidens gut fest.

4. Schneide die Zwiebelhälften nun in Streifen. Die Zwiebel zerfällt in kleine Würfel. Die Wurzel wirfst du weg.

5. Schneide den Schinken in Würfel, wie auf der Zeichnung zu sehen ist.

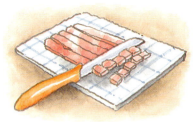

6. Nun erhitzt du das Öl in einer Pfanne auf Stufe 3, schaltest dann auf Stufe 1 zurück, gibst die Zwiebeln dazu und brätst sie so lange, bis sie hellbraun sind. Dabei rührst du mehrmals um.

7. Dann gibst du die Schinkenwürfel, die Mandelstifte, die Walnußkerne und die Rosinen dazu. Brate alle Zutaten 5 Minuten lang.

8. Gib die Krabben, die Sojasoße, den Curry und etwas Pfeffer dazu. Wenn der Reis gar ist, mischst du alles durch.

Tip

Sehr gut passen zu diesem Rezept selbstgezogene Sojabohnensprossen, die du einfach mit dem Reis unter die anderen Zutaten in der Pfanne mischst.

Toastvariationen

Für 4 Personen brauchst du:
- *12 Scheiben Vollkorntoast*
- *Butter zum Bestreichen*
- *12 Scheiben gekochten Schinken*
- *12 Scheiben Goudakäse*
- *2 Ananasscheiben (Dose)*
- *2 Birnenhälften (Dose)*
- *1 Tomate*
- *50 g Champignons (Dose)*
- *2 Eier*

Außerdem richtest du:
- Toaster
- Küchenmesser
- Schneidbrettchen
- Tomatenmesser
- Küchenkrepp
- kleine Pfanne
- Kochlöffel
- großes Backblech
- Pfannenwender
- große Platte

Und so wird's gemacht:
1. Toaste die Toastbrotscheiben im Toaster hellgelb, dann bestreichst du alle dünn mit Butter.

2. Auf jede Toastscheibe legst du nun 1 Scheibe gekochten Schinken. Achte darauf, daß die Schinkenscheiben nicht über das Brot hinausragen. Vielleicht mußt du sie etwas schneiden!

3. Auf 3 Brote legst du je eine Ananasscheibe. Das wird der Toast Hawaii. Auf 2 weitere Scheiben legst du die Birnen.

4. Die Tomate wäschst du und schneidest die grünen Stengelansätze mit dem Küchenmesser heraus. Dann schneidest du die Tomate in Scheiben und belegst 2 andere Toastbrote damit.

5. Die Champignons schneidest du ebenfalls in Scheiben. Gib sie auf 2 weitere Toastbrote. Sind die Champignonköpfe sehr klein, kannst du sie auch ganz auf den Toast setzen.

6. Brate die Eier in einer kleinen Pfanne zu Rührei wie auf Seite 14 beschrieben, und belege damit die restlichen 3 Toastbrote.

7. Nun bedeckst du alle 12 Toasts mit je einer Käsescheibe und legst die fertigen Toasts auf das große Backblech.

8. Im Backofen werden die Brote bei 150°C so lange gebacken, bis der Käse geschmolzen ist.

9. Mit dem Pfannenwender legst du die heißen Toasts nun auf eine vorgewärmte Platte. Die Toasts sollten sofort heiß gegessen werden.

Tip

Diese Toastbrote kannst du gut einige Stunden vor der Mahlzeit vorbereiten. Bewahre sie fertig belegt auf dem Blech im kalten Backofen auf. Du kannst sie dann backen, wenn du sie brauchst. Wenn du willst, kannst du die Toastbrote noch hübsch verzieren. So lassen sich mit Paprikastreifen oder Radieschenscheiben Toastgesichter gestalten. Wer mag, kann auf das Tomatentoastbrot noch ein Spiegelei setzen.

Kartoffeln für jeden Geschmack

Leider kennen viele Kinder Kartoffeln nur in Form von Kartoffelchips und Pommes frites. Doch mit Kartoffeln lassen sich noch mehr leckere Gerichte bereiten. Kartoffelarten gibt es sehr viele. Es ist wichtig, daß du weißt, wie sich die Kartoffel beim Kochen verhält. Festkochende Sorten nimmst du für Salzkartoffeln, Pellkartoffeln, Salat oder Bratkartoffeln. Mehlig kochende Sorten eignen sich für Kartoffelpüree, Kartoffelpuffer und Suppen.

Wenn du eine Kartoffelknolle ansiehst, bemerkst du mehrere Vertiefungen, die man Augen nennt. Aus ihnen wachsen die Triebe für die neue Kartoffelpflanze. Bei Kartoffeln, die im Dunkeln lang liegen bleiben, kannst du sehen, wie die Knolle an diesen Stellen austreibt. Wenn du Kartoffeln schälst, schneide alle grünen Stellen gründlich weg.
Verwende immer gleichgroße Kartoffeln, damit sie gleichzeitig gar werden.

Pellkartoffeln

Für 1 Person brauchst du:
– 2–3 Kartoffeln
– Wasser
– 1 Prise Salz

Außerdem richtest du:
– Kochtopf mit Deckel
– Küchenmesser

Und so wird's gemacht:
1. Wasche die Kartoffeln sorgfältig, am besten ist es, du bürstest sie mit einer Gemüsebürste ab.

2. Lege die Kartoffeln in den Kochtopf, fülle so viel Wasser hinein, bis die Kartoffeln gerade bedeckt sind, und streue etwas Salz darüber. Dann legst du den Deckel auf und bringst das Wasser bei Stufe 3 zum Kochen. Schalte nun auf Stufe 1 und koche die Kartoffeln in 20 bis 30 Minuten gar.

3. Die Pellkartoffeln sind fertig, wenn du mit einem kleinen Küchenmesser gut durch die Kartoffeln stechen kannst. Die Kartoffeln werden in einer Schüssel auf den Tisch gebracht und erst dort gepellt, das heißt geschält.

Kartoffelauflauf

Für 3 Personen brauchst du:
- *600 g Kartoffeln*
- *1 Teelöffel Butter*
- *3 Eier*
- *1 Becher Sahne*
- *1 Prise Salz*
- *1 Prise Pfeffer*
- *100 g Emmentaler Käse*
- *2–3 Zweige Petersilie*
- *100 g Schinken*

Außerdem richtest du:
– Kochtopf mit Deckel
– Küchenmesser
– Auflaufform
– Kuchenpinsel
– Schneebesen
– Rührschüssel
– Küchenreibe
– Schneidbrettchen

Und so wird's gemacht:

1. Zuerst kochst du die Kartoffeln, wie im Rezept „Pellkartoffeln" angegeben. Das kannst du auch schon einen Tag vorher machen.

2. Dann schälst du die Kartoffeln und schneidest sie in gleichmäßig dicke Scheiben.

3. Fette eine Auflaufform mit der Butter gut aus und lege die Kartoffelscheiben auf den Boden der Form.

4. Dann verrührst du in einer Rührschüssel die Eier, die Sahne, Salz und Pfeffer mit einem Schneebesen.

5. Reibe dann den Käse auf der Küchenreibe und mische ihn mit der Sahne-Ei-Masse.

6. Wasche die Petersilie in kaltem Wasser ab. Dann schneidest du die Blätter mit einem Küchenmesser in kleine Stückchen. Gib die Petersilie zur Ei-Sahne-Soße.

7. Schneide den Schinken auf einem Küchenbrettchen in kleine Würfel und gib ihn ebenfalls zur Soße.

8. Gieße die Soße über die Kartoffelscheiben und backe den Auflauf im Backofen bei 175° C in 30 Minuten hellbraun.

Pommes frites

Für 4 Personen brauchst du:
- *600 g Kartoffeln*
- *1 kg Fritierfett*
- *Salz*

Außerdem richtest du:
- Schälmesser
- Küchenmesser
- Schneidbrettchen
- Friteuse mit Korbeinsatz
- Küchenkrepp

Und so wird's gemacht:

1. Wasche die Kartoffeln gründlich in kaltem Wasser ab und schäle sie mit einem Schälmesser.

2. Nun schneidest du die Kartoffeln in Streifen. Hierfür schneidest du von den Kartoffeln Scheiben ab und teilst diese dann in dünne, gleichmäßige Streifen.
Am leichtesten geht das Kartoffelschneiden mit einem Pommes-frites-Schneidegerät. Es zerlegt die Kartoffeln in gleichmäßige Streifen.

3. Nun gibst du das Fett in die Friteuse und erhitzt es auf 180° C. Laß dir hierbei auf alle Fälle von deinen Eltern helfen.

4. Wasche die Kartoffelstreifen nochmals kurz und trockne sie gründlich mit Küchenkrepp ab. Mach dies wirklich sorgfältig und nimm nicht alle Streifen auf einmal.

5. Nun gibst du die Hälfte der Kartoffelstreifen in das Sieb der Friteuse und senkst es ganz, ganz langsam in das heiße Fett. Am besten machen das deine Eltern. Wenn ihr eine geschlossene Friteuse habt, die sich automatisch senkt, ist es einfacher. Mit einem kleinen Knopf oder Hebel kann dann das Sieb automatisch gesenkt werden.
Die Pommes frites sollten 6 bis 8 Minuten braten.

6. Wenn die Pommes frites fertig sind, nimmst du sie mit dem Sieb wieder heraus und trocknest sie nochmals mit etwas Küchenkrepp ab.

7. Die restlichen Kartoffeln werden auf die gleiche Art fritiert.

8. Bestreue die Pommes frites mit etwas Salz.

Kartoffelpuffer

Für 4 Personen brauchst du:
- 1 kg große Kartoffeln
- 1 Zwiebel
- 1 Teelöffel Salz
- 2 Eier
- 30 g Mehl
- 8–10 Eßlöffel Öl

Außerdem richtest du:
- Schälmesser
- Rohkostreibe
- Schüssel
- Küchenmesser
- Löffel
- Pfanne
- Bratenwender

Und so wird's gemacht:

1. Wasche die Kartoffeln gründlich, schäle sie dann und reibe sie auf der Rohkostreibe.

2. Dann schälst du die Zwiebel und reibst sie auf der Rohkostreibe zu den Kartoffeln.

3. Gib Salz, Eier und Mehl zu der Kartoffelmasse und rühre alles mit einem Löffel gut durch.

4. In der Pfanne erhitzt du jetzt 2 Eßlöffel Öl auf Stufe 3 und schaltest dann auf Stufe 2 zurück. Nun gibst du etwas Kartoffelteig mit einem Eßlöffel hinein.

5. Drücke den Teig zu flachen Plätzchen und brate diese auf der einen Seite goldbraun, dann drehst du sie und brätst sie auf der zweiten Seite. So backst du Plätzchen nacheinander aus.

Tip

Schneller und ungefährlicher kannst du tiefgekühlte, vorgebackene Pommes frites zubereiten.
Sie werden einfach auf einem Backblech ausgebreitet und im Backofen bei 200°C 8 bis 10 Minuten lang goldbraun gebraten, dabei ab und zu durchrühren.

Tip

Von Kartoffelpuffern kann man nie genug bekommen. Am besten schmeckt dazu Apfelmus.

Mit Freunden schmeckt's am besten

Wenn du schon ein bißchen kochen kannst, möchtest du bestimmt auch mal deine Eltern oder Freunde mit etwas Selbstgekochtem überraschen. Auf den nächsten Seiten findest du viele Vorschläge, wie du ein Fest gestalten und vorbereiten kannst, beispielsweise eine Geburtstagsparty, einen Ausflug ins Grüne mit Picknick oder ein Frühstück mit der ganzen Familie. Auch Geschenke kannst du selbst kochen und backen.

Such dir aus den vorgestellten Rezepten einige heraus und plane dein Fest genau. Vielleicht helfen dir Freunde und Geschwister auch schon beim Zubereiten, denn nicht nur gemeinsam essen, sondern auch gemeinsam kochen macht Spaß.

Ein Sonntagsfrühstück für die ganze Familie

Wir zeigen dir hier, wie du ganz einfach und leicht ein Frühstück für deine Familie machen kannst. Ist das nicht eine hübsche Idee für den Muttertag? Vielleicht möchten dir deine Geschwister bei der Vorbereitung helfen?

Weichgekochte Eier

Für 1 Person brauchst du:
- *1 Ei*
- *Wasser*

Außerdem richtest du:
- kleinen Kochtopf
- Eipick
- Eßlöffel

Und so wird's gemacht:
1. Stich das Ei an der stumpfen Seite mit einem Eipick an.

2. Dann legst du das Ei in einen kleinen Kochtopf und bedeckst es mit kaltem Wasser. Erhitze alles auf Stufe 3.

3. Sobald das Wasser kocht, schaltest du die Herdplatte aus und läßt das Ei noch 2 Minuten im heißen Wasser.

Orangensaft

Für 1 Person brauchst du:
- *1 Orange*

Außerdem richtest du:
- 1 Küchenmesser
- 1 Zitruspresse
- 1 Glas

Und so wird's gemacht:
Schneide die Orange mit dem Messer in der Mitte durch und drücke jede Hälfte mit der Zitruspresse gut aus. Gieße den Saft in ein Glas.

Kaffee

Für 1 Person brauchst du:
- 2 Teelöffel Kaffeepulver
- 2 Tassen Wasser

Außerdem richtest du:
- Filtertüte
- Kaffeefilter
- kleinen Topf

Und so wird's gemacht:
1. Setze die Filtertüte in den Kaffeefilter und gib dahinein das Kaffeepulver. Setze den Filter auf die Kaffeekanne.

2. Nun erhitzt du das Wasser in einem kleinen Topf auf Stufe 3, bis es kocht, und gibst es dann in den Filter. Warte so lange, bis das erste Wasser durchgelaufen ist, bevor du nachschüttest.

Tip

In den meisten Familien gibt es eine Kaffeemaschine, mit der du viel einfacher Kaffee kochen kannst. Schütte das Wasser in den Wasserbehälter und setze die Filtertüte in die entsprechende Vorrichtung. Pro Tasse: 1 Teelöffel Kaffeepulver

Tee

Für 1 Person brauchst du:
- 2 Tassen Wasser
- 2 Teebeutel oder
  2 Teelöffel Tee

Außerdem richtest du:
- kleinen Topf
- kleine Kanne

Und so wird's gemacht:
Erhitze das Wasser in einem kleinen Topf auf Stufe 3, bis es kocht. Dann gibst du den Tee oder die Teebeutel in die Kanne und schüttest das heiße Wasser darüber. Laß den Tee etwas ziehen.

Tip

Tee ist ein Getränk aus China. Läßt du ihn 2 bis 3 Minuten ziehen, wirkt er anregend, wenn du ihn länger stehen läßt, beruhigt er. Das gilt jedoch nur für schwarzen Tee.

Müsli

Für 4 Personen brauchst du:
- 1 Apfel
- 1 Pfirsich
- 100 g Erdbeeren
- 1/2 Banane
- 8 Eßlöffel Haferflocken
- 1 Eßlöffel gehackte Nüsse oder Mandeln
- 2 Eßlöffel Rosinen
- 1 Eßlöffel Honig
- 1/2 l frische Milch

Außerdem richtest du:
- Küchenmesser
- Schneidbrettchen
- Eßlöffel
- Glasschüssel
- Tomatenmesser

Und so wird's gemacht:

1. Wasche den Apfel gründlich, trockne ihn ab und teile ihn mit dem Küchenmesser in Schnitze. Dann schneidest du das Kerngehäuse heraus und die Stengel- und Blütenansätze ab. Die Apfelschnitze schneidest du jetzt in kleine Stückchen.

2. Nun schneidest du mit einem scharfen Messer den Pfirsich in der Hälfte ein, drehst die Hälften gegeneinander und nimmst den Kern heraus.

3. Dann schneidest du die Pfirsichhälften in Schnitze, dann in Stücke.

4. Wasche die Erdbeeren, entferne die Stengelansätze und halbiere die Beeren mit dem Küchenmesser. Schäle die Banane und schneide sie in Scheiben.

5. Nun gibst du das Obst in die Glasschüssel, und mischst es mit dem Honig, den Haferflocken, den Rosinen und den Nüssen.

6. Stelle die Milch mit dem Müsli auf den Tisch, so kann es sich jeder selbst mischen.

Tip

Im Sommer schmeckt das Müsli besonders gut mit Johannisbeeren, Brombeeren, Himbeeren, Aprikosen oder Weintrauben. Mit Sonnenblumenkernen oder verschiedenen Flockensorten kannst du viele andere Müslisorten herstellen.

Sonntagsbrötchen

Für 8 Brötchen brauchst du:
- 150 g Quark
- 6 Eßlöffel Milch
- 6 Eßlöffel Öl
- 3 Eßlöffel Zucker
- 1 Prise Salz
- 1 Päckchen Backpulver
- 300 g Mehl
- 3 Eßlöffel Rosinen
- 2 Eßlöffel Dosenmilch

Außerdem richtest du:
- große Rührschüssel
- elektrisches Handrührgerät mit Knethaken
- Backblech
- Backpapier
- Backpinsel

Und so wird's gemacht:

1. Gib den Quark, die Milch, das Öl, den Zucker und das Salz in die Rührschüssel und verknete alles mit dem Rührgerät.

62

2. Dann mischst du das Backpulver sehr gut mit dem Mehl und knetest nach und nach mit Rührgerät diese Mehlmischung unter den Teig.

3. Gib den Teig auf ein Backbrett und knete ihn durch. Zuletzt knetest du mit der Hand die Rosinen unter den Teig.

4. Aus dem Teig formst du 8 runde Brötchen. Lege das Backblech mit Backpapier aus und setze die Brötchen darauf. Dann bepinselst du sie noch mit Dosenmilch, damit sie beim Backen schön braun und glänzend werden.

5. Backe die Brötchen auf der mittleren Schiene im Backofen bei 200°C 20 Minuten lang.

Aus dem Teig kannst du auch herzhafte Brötchen backen. Laß die Rosinen und den Zucker weg und bestreue die Brötchen mit Sesam, Mohn oder mit Kümmel.

Kräuterquark

Für 4 Personen brauchst du:
- 1 Sträußchen frische Kräuter (Petersilie, Schnittlauch, Zitronenmelisse, Salbei oder Kräuter, die du gerne magst)
- 200 g Quark
- etwas Salz
- 2 Eßlöffel Milch

Außerdem richtest du:
- Schneidbrettchen
- Küchenmesser oder Wiegemesser
- kleine Schüssel
- Rührlöffel

Und so wird's gemacht:
1. Entferne die welken Blätter von den Kräutern und wasche die Kräuter in kaltem Wasser. Dann zupfst du die Blättchen von der Petersilie, der Zitronenmelisse und dem Salbei ab.

2. Schneide alle Kräuter auf einem Küchenbrettchen sehr fein. Am leichtesten geht das mit einem Wiegemesser.

3. Anschließend rührst du in einer kleinen Schüssel den Quark mit der Milch glatt und gibst die vorbereiteten Kräuter und das Salz dazu.

Tip

Wenn du Zwiebeln sehr gerne magst, kannst du eine feingehackte kleine Zwiebel dazugeben. Sehr hübsch sieht es aus, wenn du frische Radieschen kleinschneidest und unter den Quark rührst.

Gefüllte pikante Hörnchen

Für 6 Hörnchen brauchst du:
- *3 Scheiben Blätterteig (Tiefkühlprodukt)*
- *1 Eßlöffel Mehl*
- *1–2 Scheiben gekochten Schinken*
- *1–2 Scheiben Emmentaler Käse*

Außerdem richtest du:
- Teigroller
- Küchenmesser
- Küchenpinsel
- Backblech

Und so wird's gemacht:

1. Lege die Blätterteigstücke nebeneinander auf die Arbeitsfläche und laß sie auftauen. Das dauert etwa 15 Minuten.

2. Auf einer mit Mehl bestreuten Fläche rollst du die Blätterteigscheiben aus, bis sie die doppelte Größe erreicht haben.

3. Nun schneidest du aus jeder Scheibe mit dem Küchenmesser 2 lange, spitze Dreiecke. Bepinsle diese Teigstücke mit kaltem Wasser.

4. Aus dem Schinken und dem Käse schneidest du jetzt ebenfalls Dreiecke, die aber etwas kleiner sein müssen als die Blätterteigstücke. Belege nun jedes Teigdreieck mit einem Schinken- oder Käsedreieck.

5. Dann rollst du jedes Teigstück von der breiten Seite her auf und biegst es zu einem Hörnchen.

6. Lege alle Hörnchen auf ein ungefettetes Backblech. Heize den Backofen auf 200°C auf. Wenn die Kontrollampe des Herdes ausgeht, hat der Backofen die Temperatur erreicht. Dann schiebst du das Blech auf die mittlere Schiene und backst die gefüllten Hörnchen in 15 Minuten schön hellbraun.

Tip

Aus den Blätterteigresten kannst du Kümmel- oder Sesamstangen backen: Bestreue die Stücke mit Kümmel oder Sesamkörnern und schneide davon 1 cm breite Streifen ab, drehe sie spiralig auf und backe sie im 200°C heißen Ofen in 8 bis 10 Minuten goldbraun.

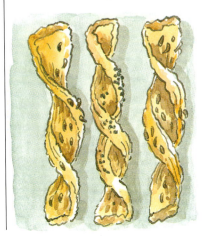

Picknick im Grünen

Ein Picknick gehört zu den schönsten Erlebnissen im Sommer. Damit es wirklich ein Vergnügen wird, muß es gut vorbereitet sein. In den Picknickkorb gehören: eine unempfindliche Tischdecke, am besten eine abwaschbare, Pappteller und Pappbecher, Plastikbesteck und viele Papierservietten. Vergiß nicht, reichlich erfrischende Getränke mitzunehmen – in einer fröhlichen Picknickrunde gibt es großen Durst. Kalter Zitronentee und Säfte lassen sich gut in einer Thermoskanne mitnehmen.

Alle Speisen, die du zu Hause vorbereitest, müssen in Alufolie oder in unzerbrechlichen Kunststoffbehältern gut verpackt sein, damit sie appetitlich frisch bleiben.

Und denke auch daran, eine große Abfalltüte mitzunehmen, denn du willst die Natur bestimmt so sauber zurücklassen, wie du sie vorgefunden hast. Also Dosen, Alufolie, Pappgeschirr usw. in die Abfalltüte stecken und zur nächsten Mülltonne mitnehmen.

Als Nachtisch eignen sich Früchte, die du schon zu Hause gewaschen, abgetrocknet und verpackt hast. Auch ein Joghurt ist gut! Er wird in Portionsbechern bruchsicher eingepackt. Unser Picknickmenü besteht aus gebratenem Hähnchen, Eier-, Möhren- und Kartoffelsalat. Dazu gibt es Baguette mit Tomaten und Kräutern.

Gebratenes Hähnchen

Für 4 Personen brauchst du:
- 1 Hähnchen
- 2 Eßlöffel Öl
- 1/2 Teelöffel Salz
- 1 Teelöffel Paprikapulver
- 1 Prise Pfeffer
- 1 Teelöffel Senf
- 1 Teelöffel feingehackte Kräuter

Außerdem richtest du:
- Küchenkrepp
- kleine Schüssel
- Küchenpinsel
- feuerfeste Form
- Holzspießchen
- Geflügelschere
- Alufolie

Und so wird's gemacht:

1. Wasche das Hähnchen gründlich ab und trockne es dann gut mit Küchenkrepp.

2. Dann verrührst du in einer kleinen Schüssel Öl, Salz, Paprikapulver, Pfeffer, Senf und Kräuter. Damit wird das ganze Hähnchen rundherum eingepinselt.

3. Lege nun das gewürzte Hähnchen mit der Brust nach oben in eine feuerfeste Form und brate es im Backofen bei 200°C 1 Stunde lang.
Wenn du mit einem Spießchen an der Innenseite der Keule einstichst und heller, klarer Fleischsaft herausfließt, ist dein Hähnchen gar. Kommt noch Blut, mußt du es noch einige Minuten braten.

4. Nach dem Abkühlen teilst du das Hähnchen mit der Geflügelschere in vier Teile. Schneide das Hähnchen dazu längs durch und halbiere die Hälften.

5. Packe jedes Stück einzeln in Alufolie.

Tip

Meist werden die Hähnchen tiefgekühlt angeboten. Zum Auftauen nimmst du sie aus der Plastikhülle und legst sie in eine Schüssel. Stelle das Hähnchen über Nacht in den Kühlschrank, dann ist es bis zum nächsten Tag aufgetaut.
Wenn du das Hähnchen in den Ofen geschoben hast, wasche dir bitte gründlich die Hände und spüle die gebrauchten Küchengeräte sorgfältig, bevor du andere Gerichte zubereitest.

Eiersalat

Für 4 Personen brauchst du:
- *4 Eßlöffel Salatmayonnaise*
- *1/2 Becher Sahne*
- *1 Teelöffel Senf*
- *6 hartgekochte Eier*
- *100 g gekochten Schinken*
- *1 Bund Schnittlauch*

Außerdem richtest du:
- Schüssel
- Schneebesen
- Eierschneider
- Küchenmesser
- Schneidbrettchen
- Löffel

Und so wird's gemacht:
1. Verrühre die Mayonnaise mit der Sahne und dem Senf.

2. Schäle die hartgekochten Eier und schneide sie mit dem Eierschneider in Scheiben.

3. Dann schneidest du den Schinken in Würfel und gibst ihn mit den Eischeiben zur Mayonnaise. Mische alles vorsichtig durch.

4. Wasche den Schnittlauch gut, schneide ihn auf einem Küchenbrett in kleine Stücke und bestreue den Eiersalat damit.

Möhrenrohkost

Für 4 Personen brauchst du:
- *300 g Möhren*
- *200 g Äpfel*
- *2 Eßlöffel Zitronensaft*
- *2 Eßlöffel Öl*
- *2 Eßlöffel Wasser*
- *1 Prise Salz*
- *1 Prise Zucker*
- *1 Eßlöffel gehackte Haselnüsse*

Außerdem richtest du:
– Küchenmesser
– Schälmesser
– Rohkostreibe
– Schüssel
– Salatbesteck

Und so wird's gemacht:
1. Wasche die Möhren gründlich in kaltem Wasser, schneide die Wurzelenden und die Blattansätze mit einem Messer ab. Dann schälst du die Möhren mit einem Schälmesser. Frische junge Möhren brauchst du nicht zu schälen, bürste sie nur sehr gründlich, am besten mit einer Gemüsebürste.

2. Nun raspelst du die Möhren auf einer Rohkostreibe und gibst sie in eine Schüssel.

3. Wasche die Äpfel, schäle und halbiere sie. Schneide das Kerngehäuse heraus und raspele die Äpfel ebenfalls auf der Rohkostreibe.

4. Nun vermischst du die Möhren- und die Apfelraspel mit dem Zitronensaft, dem Öl und dem Wasser und schmeckst den Salat mit Salz und etwas Zucker ab. Wenn du magst, kannst du den Salat noch mit Haselnüssen bestreuen.

Tip

Dieser knackige vitaminreiche Salat eignet sich besonders gut für ein Picknick, denn er bleibt auch nach der Zubereitung noch mehrere Stunden appetitlich frisch.

Kartoffelsalat

Für 4 Personen brauchst du:
- *500 g Kartoffeln*
- *1 Tasse heißes Wasser*
- *1 Teelöffel gekörnte Fleischbrühe*
- *2 Eßlöffel Essig*
- *2 Eßlöffel Salatmayonnaise*
- *etwas Salz*
- *1 Prise Pfeffer*
- *1 Zwiebel*

Außerdem richtest du:
– Küchenmesser
– Schüssel
– kleine Rührschüssel
– Salatbesteck

Und so wird's gemacht:
1. Koche die Kartoffeln, wie im Rezept „Pellkartoffeln" auf Seite 54 angegeben ist. Schäle die Kartoffeln, schneide sie in Scheiben und gib sie in eine Schüssel.

2. In einer kleinen Rührschüssel vermischst du das Wasser mit der Brühe, dem Essig, der Salatmayonnaise, Salz und Pfeffer.

3. Dann schälst du die Zwiebel, schneidest sie in kleine Würfel und gibst sie zur Soße. (Wie das gemacht wird, findest du auf Seite 51.)

4. Mische die Soße mit den Kartoffeln vorsichtig durch.

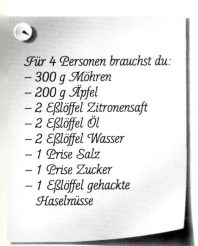

Vollkornbrötchen

Für 15 Brötchen brauchst du:
- *500 g Weizenvollkornmehl*
- *1 Würfel Hefe (42 g)*
- *1/4 l Milch*
- *1 Teelöffel Zucker*
- *1 Teelöffel Salz*
- *50 g Margarine*
- *1 Teelöffel Margarine*
- *1 Eßlöffel Butter*
- *Sesam*
- *Mohn*

Außerdem richtest du:
- Rührschüssel
- Eßlöffel
- elektrisches Handrührgerät mit Knethaken
- Backblech
- Küchenpinsel
- kleinen Kochtopf
- Geschirrtuch

Und so wird's gemacht:
1. Siebe das Mehl in die Rührschüssel und drücke mit dem Löffel in die Mitte eine Mulde. Dahinein bröckelst du die Hefe und streust etwas Zucker darüber.

2. Jetzt erwärmst du die Milch in einem kleinen Kochtopf, bis sie lauwarm ist.

3. Gieße die Hälfte der lauwarmen Milch in die Mulde in der Rührschüssel und verrühre von der Mitte aus Hefe, Zucker, Milch und etwas Mehl zu einem weichen Brei, dem Vorteig.

4. Diesen Vorteig läßt du zugedeckt 10 Minuten gehen. Dabei wachsen die Hefezellen und lockern den Teig.

5. In der Zwischenzeit fettest du das Backblech mit 1 Teelöffel Margarine ein.

6. Anschließend gibst du die restliche Milch, das Salz und die Margarine zum Vorteig und knetest mit dem elektrischen Handrührgerät, bis ein weicher, geschmeidiger Teig entsteht, der nicht mehr klebt.

7. Forme daraus 15 kleine Kugeln und lege sie nicht zu dicht auf das Backblech, denn sie verdoppeln ihre Größe.

8. Sie müssen mit einem Geschirrtuch abgedeckt werden und nochmals 20 Minuten gehen.

9. Gib dann die Butter in den Kochtopf und erwärme sie auf Stufe 1, bis sie geschmolzen ist. Damit pinselst du die Oberfläche der Brötchen ein und bestreue sie mit Mohn, Sesam oder Sonnenblumenkernen.

10. Jetzt werden die Brötchen bei 220°C im Backofen gebacken.

Du kannst unter den Brötchenteig noch geröstete Zwiebelwürfel oder gehackte Kräuter mischen. So erhältst du Zwiebel- oder Kräuterbrötchen. Sehr hübsch sieht es auch aus, wenn du kleine Zöpfe backst. Rolle dann dünne, lange Stränge aus und flechte daraus einen Zopf.

Wir grillen

Am offenen Feuer grillen macht Spaß! Aber es ist auch mit Gefahren verbunden. Bitte laß deshalb immer einen Erwachsenen den Grill anzünden und überwachen.
So wird die Mahlzeit am Grill zu einem ungetrübten Vergnügen.

Bunte Spieße

Für 3 Personen brauchst du:
- *2 Tomaten*
- *2 Zwiebeln*
- *1 grüne Paprikaschote*
- *300 g Schweinefleisch in Würfeln*
- *3 Eßlöffel Öl*
- *1 Teelöffel Salz*
- *1 Messerspitze Pfeffer*
- *1/2 Teelöffel Paprikapulver*
- *1 Teelöffel Senf*

Außerdem richtest du:
- Küchenmesser
- Teelöffel
- Schneidbrettchen
- 6 Grillspieße
- Schneebesen
- kleine Schüssel
- Backpinsel
- Grillzange

Und so wird's gemacht:
1. Wasche die Tomaten und schneide sie in große Stücke. Dann schneidest du die grünen Stengelansätze heraus. Die Kerne kannst du mit einem Teelöffel entfernen.

2. Schäle die Zwiebeln, entferne die Wurzel- und die Stengelansätze. Halbiere die Zwiebeln und teile jede Hälfte in 4 Stücke.

3. Wasche die Paprikaschote, halbiere sie und löse das Kerngehäuse heraus. Dann teilst du die Paprikaschote in Stücke, diese sollten etwa so groß sein wie die Tomaten- und Zwiebelteile.

4. Nun steckst du das Gemüse abwechselnd mit dem Fleisch auf die Grillspieße. Das erste und letzte Stück sollte Fleisch sein, so kann nichts herunterrutschen.

5. Verrühre nun Öl, Salz, Pfeffer, Paprikapulver und Senf in einer kleinen Schüssel. Bepinsle die Spieße mit dieser Soße.

6. Grille die Spieße auf dem Rost. Drehe sie dabei mit der Grillzange mehrmals um, damit alle Teile gleichmäßig gar werden.

Grillwürste

Für 1 Person brauchst du:
- 1 Grillwurst
- etwas Öl

Außerdem richtest du:
- Küchenmesser
- Schneidbrettchen
- Kuchenpinsel
- Grillzange

Und so wird's gemacht:
1. Schneide die Grillwürste auf jeder Seite mehrmals leicht ein und bepinsle sie rundherum mit etwas Öl.

2. Lege die Würste auf den Grillrost über die Glut, wende sie mit einer Grillzange und brate sie auf beiden Seiten knusprig braun.

Tip

Sehr gut schmecken auch Kartoffeln, die du fest in Alufolie wickelst und in die Glut legst. Je nach Dicke der Kartoffeln dauert es jedoch 40 Minuten, bis sie gar sind. Wenn ihr ein richtiges Lagerfeuer macht, könnt ihr auch Käsestücke auf lange Spieße stecken und ins Feuer halten, bis der Käse zu schmelzen anfängt.

Bunter Salat mit Thunfisch

Für 4 Personen brauchst du:
- *1 Kopfsalat (oder ein anderer Blattsalat)*
- *1 Gemüsezwiebel*
- *100 g Goudakäse*
- *100 g gekochten Schinken*
- *1 Dose Thunfisch naturell*
- *2 hartgekochte Eier*
- *einige Oliven*
- *3 Eßlöffel Sonnenblumenöl*
- *Saft von 1/2 Zitrone*
- *1 Prise Knoblauchsalz*
- *1 Prise Pfeffer*
- *1 Prise Zucker*

Außerdem richtest du:
- große Schüssel
- Salatsieb
- Schneidbrettchen
- Küchenmesser
- Dosenöffner
- Sieb
- Teller
- Gabel
- Eischneider
- Salatschüssel
- kleine Rührschüssel
- Schneebesen
- Salatbesteck

Und so wird's gemacht:
1. Vom Kopfsalat entfernst du die äußeren sehr welken Blätter. Dann zerpflücke den Kopf in die einzelnen Blätter. Das geht am einfachsten, wenn du den Strunk unten abschneidest. Die Blätter lassen sich dann ganz leicht lösen.

2. Wasche die Salatblätter in einer großen Schüssel und lege sie dann in ein Salatsieb zum Abtropfen. Den Salat mußt du dreimal waschen.

3. Dann schälst du die Zwiebel und schneidest sie quer in Scheiben. Die einzelnen Scheiben zerfallen dann in Ringe.

4. Den Käse und den Schinken schneidest du in Streifen.

5. Öffne die Dose Thunfisch und laß ihn in einem Sieb gut abtropfen. Dann zerpflückst du den Fisch auf einem Teller etwas mit der Gabel oder mit den Fingern.

6. Schäle die Eier und schneide sie in Scheiben.

7. Gib nun den Salat mit den Zwiebeln, dem Käse, dem Schinken, dem Thunfisch, den Eischeiben und den Oliven in eine Salatschüssel.

8. Verrühre das Öl und den Zitronensaft mit Salz, Pfeffer und Zucker in einer Rührschüssel mit dem Schneebesen.

9. Kurz vor dem Servieren mischst du den Salat mit der Soße.

Salatschüssel

Für 4 Personen brauchst du:
- *1 kleinen Kopfsalat*
- *2 Tomaten*
- *1/2 Salatgurke*
- *4 Radieschen*
- *1 Paprikaschote*
- *1 kleine Zwiebel*
- *3 Eßlöffel Essig*
- *3 Eßlöffel Öl*
- *1 Becher saure Sahne*
- *1 Prise Zucker*
- *2 Prisen Salz*
- *1 Prise Pfeffer*
- *1 Sträußchen Kräuter (Petersilie, Schnittlauch)*

Außerdem richtest du:
- große Schüssel
- Salatsieb
- Küchenmesser
- Schneidbrettchen
- Tomatenmesser
- Gurkenhobel
- Salatschüssel
- kleine Rührschüssel
- Schneebesen

Und so wird's gemacht:

1. Putze und wasche den Kopfsalat so, wie es im Rezept „Italienischer Salat" auf der linken Seite beschrieben ist.

2. Wasche die Tomaten, die Salatgurke und die Radieschen und schneide die Gemüse in Scheiben. Die Tomaten schneidest du mit dem Tomatenmesser, den grünen Stielansatz schneidest du dabei heraus. Salatgurke und Radieschen kannst du mit dem Gurkenhobel schneiden.

3. Die Paprikaschoten halbierst du und entfernst im Inneren die Samen und die Samenwände. Wasche dann die Schoten und schneide sie in dünne Streifen.

4. Schäle die Zwiebel und schneide sie in dünne Scheiben. Du kannst dafür den Gurkenhobel verwenden.

5. Mische alle Gemüsezutaten in der Salatschüssel.

6. Verrühre in der kleinen Rührschüssel Essig, Öl, saure Sahne, Salz, Zucker und Pfeffer mit dem Schneebesen gleichmäßig.

7. Dann wäschst du das Kräutersträußchen gründlich in kaltem Wasser. Entferne welke Stellen und dickere Stiele. Schneide jetzt die Kräuter auf einem Brettchen in kleine Stückchen und mische sie mit der Salatsoße.

8. Erst kurz vor dem Verzehr gießt du die Soße über das Gemüse, damit der zarte Salat nicht zusammenfällt.

Gefüllte Tomaten

Für 4 Personen brauchst du:
– *4 große Tomaten*
– *einige Zweige Schnittlauch und Petersilie*
– *2 Eßlöffel Salatmayonnaise*
– *2 Eßlöffel Sahne*
– *1 Prise Salz*
– *2 Scheiben gekochten Schinken*
– *2 Eßlöffel Mais aus der Dose*
– *2 Eßlöffel Erbsen aus der Dose*

Außerdem richtest du:
– Tomatenmesser
– Schneidbrettchen
– Teelöffel
– Küchenmesser
– Rührschüssel
– Eßlöffel

Und so wird's gemacht:
1. Wasche die Tomaten und trockne sie mit Küchenkrepp ab. Dann schneidest du von jeder Tomate mit dem Tomatenmesser einen „Deckel" ab und höhlst die Tomate innen mit einem Teelöffel aus.

2. Wasche die Kräuter und schneide sie auf einem Küchenbrett klein. Mische in der Rührschüssel die Mayonnaise, die Sahne und die Kräuter mit dem Salz.

3. Schneide den gekochten Schinken in feine Streifen oder Würfel. Mische ihn mit dem Mais, den Erbsen und der Mayonnaise.

4. Nun füllst du jede Tomate mit der Gemüse-Schinken-Mischung und schließt sie alle mit dem abgeschnittenen „Deckel".

76

Stockbrot

Für 4 Personen brauchst du:
- *1 Würfel frische Hefe*
- *1 Teelöffel Zucker*
- *500 g Mehl*
- *1/4 l lauwarmes Wasser*
- *1/2 Teelöffel Salz*
- *1 Eßlöffel Margarine*
- *etwas Mehl*
- *etwas Öl*

Außerdem richtest du:
- Tasse
- Teelöffel
- Rührschüssel
- elektrisches Handrührgerät mit Knethaken
- Küchentuch
- 8 lange, dünne Stöcke
- Kuchenpinsel

Und so wird's gemacht:

1. Mische die Hefe mit dem Zucker, einem Teelöffel Mehl und etwas warmem Wasser in einer Tasse und stelle diese 10 Minuten an einen warmen Ort. Man nennt diese Masse Vorteig. Innerhalb der 10 Minuten geht der Vorteig auf.

2. In die Rührschüssel gibst du nun das Mehl, das Salz, die Margarine und das restliche Wasser. Gieße den Vorteig in die Mitte und knete alles mit dem elektrischen Handrührgerät gut durch. Hefeteig kann man auch mit den Händen kneten. Er muß dann allerdings gut durchgeknetet werden und beim Kneten Blasen zeigen.

3. Forme aus dem Teig 8 kleine Kugeln, decke sie mit einem Küchentuch ab und laß sie so lange stehen, bis sie doppelt so groß geworden sind. Man nennt diesen Vorgang ebenfalls „aufgehen".

4. Streue etwas Mehl auf die Arbeitsplatte und rolle darauf jede Kugel mit den Händen zu einer dünnen, langen Wurst aus.

5. Spieße je eine Teigwurst auf die Spitze eines Stockes und wickle den Teig um den Stock. Bepinsle das Stockbrot mit etwas Öl.

6. Über dem fast abgebrannten Feuer werden die Stockbrote jetzt rundherum gebräunt.

Tip

Frische Hefe besteht aus vielen lebenden Zellen. Wenn du sie mit Mehl, Zucker und etwas Wasser vermischst, fangen sie an, sich zu vermehren und zu wachsen. Dabei entstehen viele kleine Gasbläschen, die den Teig locker machen und ihn aufgehen lassen. Paß aber auf, daß dein Teig nicht zu kalt ist, denn Hefepilze mögen das gar nicht. Aus diesem Grund stelle am besten alle Zutaten für dein Stockbrot über Nacht in die Küche.

Meine Geburtstagsparty

Den eigenen Geburtstag selbst vorbereiten und mit Freunden und Eltern feiern macht viel Spaß. Wir haben dir hier einige Rezepte für leckere Gerichte zusammengestellt, die bestimmt auch deinen Freunden schmecken. Vielleicht helfen sie dir schon bei den Vorbereitungen.

Stangenweißbrot mit Tomatenfüllung

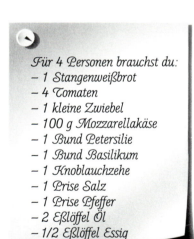

Für 4 Personen brauchst du:
- 1 Stangenweißbrot
- 4 Tomaten
- 1 kleine Zwiebel
- 100 g Mozzarellakäse
- 1 Bund Petersilie
- 1 Bund Basilikum
- 1 Knoblauchzehe
- 1 Prise Salz
- 1 Prise Pfeffer
- 2 Eßlöffel Öl
- 1/2 Eßlöffel Essig

Außerdem richtest du:
- Brotmesser
- Küchenmesser
- Kochtopf
- Schaumlöffel
- Schneidbrettchen
- Schüssel
- Knoblauchpresse
- Eßlöffel

Und so wird's gemacht:

1. Teile das Brot in vier gleichgroße Teile und halbiere diese.

2. Lege das Brot auf ein Backblech und backe es bei 275°C etwa 2 Minuten auf.

3. Dann schneidest du die Brothälften aus, so daß die Füllung darin Platz hat.

4. Nun schälst du die Tomaten. Ritze sie dazu an der Oberseite leicht ein. Dann kochst du etwas Wasser in einem Kochtopf auf, gibst die Tomaten einige Minuten hinein und holst sie dann mit dem Schaumlöffel heraus.

5. Die Haut läßt sich mit dem Küchenmesser nun ganz leicht abziehen. Dann würfelst du die Tomaten.

6. Schäle die Zwiebel und schneide sie in Würfel (wie das gemacht wird, findest du auf Seite 51). Schneide den Mozzarella in kleine Würfel.

Schnitzel mit Kräutersoße

Für 4 Personen brauchst du:
- 4 dünne Kalbsschnitzel
- Mehl
- 1 Ei
- Semmelbrösel
- 4 Prisen Salz
- 4 Prisen Pfeffer
- 4 Eßlöffel Öl
- 2 Teelöffel Butter
- Saft von 1/2 Zitrone
- 3 Eßlöffel Wasser
- 1/2 Bund Petersilie

Außerdem richtest du:
- 2 flache Teller
- 1 Suppenteller
- Pfanne
- Pfannenwender
- Kochlöffel
- Bratenplatte

Und so wird's gemacht:

1. Zuerst verteilst du etwas Mehl und Semmelbrösel auf 2 flachen Tellern, dann schlägst du das Ei in den Suppenteller und verquirlst es mit einer Gabel.

2. Würze die Schnitzel mit Salz und Pfeffer und wende sie nacheinander zuerst in Mehl, dann in dem Ei und zuletzt in den Semmelbröseln.

3. Wasche die Petersilie und schneide sie klein.

4. Gib das Öl in die Pfanne und erhitze es auf Stufe 3. Dann brätst du die Schnitzel darin auf jeder Seite etwa 3 Minuten. Sie dürfen nicht zu lange braten, sonst werden sie zäh.

5. Dann schiebst du die Schnitzel mit dem Pfannenwender an den Rand der Pfanne.

6. In die Pfanne gibst du jetzt den Zitronensaft, das Wasser und die Butter. Nimm die Pfanne vom Herd und verrühre alles langsam. Nun rührst du die Petersilie unter.

7. Gieße die Soße über die Schnitzel. Wenn du magst, kannst du noch einige Blättchen von der Petersilie abzupfen und die Schnitzel damit garnieren. Auch einige Scheiben von einer unbehandelten Zitrone sehen hübsch auf den Schnitzeln aus.

7. Wasche das Basilikum und die Petersilie und schneide die beiden Kräuter klein.

8. Gib die Tomaten, die Zwiebel, die Kräuter, den Käse, das Salz und den Pfeffer in eine kleine Schüssel.

9. Schäle den Knoblauch und drücke ihn durch eine Presse dazu.

10. Mische alles mit Essig und Öl und streiche die Masse in die noch warmen Brotschiffchen.

Hamburger

Für 6 Hamburger brauchst du:
- 2 Zwiebeln
- 300 g Hackfleisch
- 1 Ei
- 2 Eßlöffel Semmelbrösel
- 1/2 Teelöffel Salz
- 2 Prisen Pfeffer
- 6 Eßlöffel Öl
- 6 Salatblätter
- 2 Tomaten
- 6 Brötchen
- etwas Senf
- Ketchup

Außerdem richtest du:
- Schneidbrettchen
- Küchenmesser
- Rührschüssel
- Eßlöffel
- Pfanne
- Pfannenwender
- Küchenkrepp
- Tomatenmesser
- Brotmesser

Und so wird's gemacht:
1. Schäle eine Zwiebel und würfle sie (wie das gemacht wird, findest du auf Seite 51).

2. In der Rührschüssel vermischst du jetzt Hackfleisch, Ei, Semmelbrösel, Zwiebelwürfel, Salz und Pfeffer.

3. Teile den Fleischteig in 6 Portionen und forme flache, runde Frikadellen daraus.

4. In einer Pfanne erhitzt du das Öl auf Stufe 3. Dann brätst du die Frikadellen auf jeder Seite so lange, bis sie schön braun sind.

5. Danach deckst du die Pfanne ab und hältst die fertigen Frikadellen auf Stufe 1/2 warm.

6. Teile jetzt die Brötchen quer durch und wärme sie bei 175°C etwa 8 Minuten lang.

7. In der Zwischenzeit wäschst du die Salatblätter und trocknest sie mit Küchenkrepp ab.

8. Schäle auch die zweite Zwiebel und schneide sie in Scheiben. Die Tomaten schneidest du ebenfalls in Scheiben und entfernst dabei den grünen Stengelansatz.

9. Belege jetzt die unteren Hälften der Brötchen mit je 1 Salatblatt, 1 Zwiebelscheibe, 1 Frikadelle, etwas Senf, 1 Tomatenscheibe und 1 Klecks Ketchup. Die zweite Brötchenhälfte klappst du nun obenauf.

Tip

Der Cheeseburger ist eine Variante des Hamburgers. Wenn du Cheeseburger lieber magst, lege eine Scheibe Schmelzkäse auf die Frikadelle und überbacke sie kurz im Backofen. Dann legst du sie mit Salatblättern, Tomaten- und Zwiebelscheiben oder Radieschen auf das Brötchen.

Und noch etwas!
Damit bei einer Geburtstagsparty jeder seine Lieblingshamburger bekommt, kannst du auch auf einer großen Platte alle vorbereiteten Zutaten anrichten: Gewaschene Salatblätter, Tomatenscheiben, Zwiebelringe, ein Schälchen mit Ketchup, Senftöpfchen und natürlich die Frikadellen und Brötchen.
Dann belegt jeder seine eigenen Hamburger nach dem persönlichen Geschmack. Vielleicht ergänzt du die Platte noch mit Gurken- und Käsescheiben.

Eßbare Fliegenpilze

Für 6 Fliegenpilze brauchst du:
- 6 Eier
- 1 kleine Schachtel Kresse
- 6 kleine Tomaten
- 1 Eßlöffel Mayonnaise

Außerdem richtest du:
- Küchenschere
- Küchenmesser
- Salatsieb
- Porzellanplatte
- Schneidbrettchen
- Tomatenmesser
- Teelöffel

Und so wird's gemacht:

1. Zuerst kochst du die Eier hart. (Wie das gemacht wird, ist auf Seite 12 beschrieben.) Dann pellst du die Eierschale ab.

2. Nun schneidest du die Kresse ab, wäschst sie gut und läßt sie im Salatsieb etwas abtropfen.

3. Auf der Porzellanplatte richtest du mit der Kresse eine hübsche Wiese für die Fliegenpilze.

4. Von jedem Ei schneidest du jetzt von der stumpfen Seite eine Scheibe ab. So kannst du die Eier aufrecht hinstellen.

5. Ebenso schneidest du von jeder Tomate eine Scheibe so ab, daß der Stengelansatz mit entfernt wird.

6. Höhle nun die Tomaten innen etwas aus und setze sie mit der Öffnung nach unten auf die Eier. Mit der Mayonnaise tupfst du jetzt noch die Punkte auf die Fliegenpilze und setzt sie zuletzt auf die grüne Wiese.

82

Bunter Gemüsesalat

Für 4 Personen brauchst du:
- *1 kleine Dose Erbsen*
- *1 kleine Dose Mais*
- *4 Tomaten*
- *100 g gekochten Schinken*
- *100 g Emmentaler Käse*
- *1 Zwiebel*
- *2 Eßlöffel Salatmayonnaise*
- *1 Eßlöffel Essig*
- *1 Teelöffel Senf*
- *2 Eßlöffel Joghurt*
- *1 Prise Salz*
- *1 Prise Pfeffer*
- *1/2 Bund Petersilie*

Außerdem richtest du:
- Dosenöffner
- Sieb
- Küchenmesser
- Schneidbrettchen
- Tomatenmesser
- große Schüssel
- kleine Schüssel
- Schneebesen
- Salatbesteck

Und so wird's gemacht:

1. Öffne die beiden Dosen und schütte den Mais und die Erbsen aus der Dose auf das Sieb und laß sie gut abtropfen.

2. Wasche die Tomaten, entferne die Stengelansätze mit einem Küchenmesser und schneide die Tomaten mit dem Tomatenmesser in Scheiben.

3. Dann schneidest du den gekochten Schinken und den Käse in kleine Würfel.

4. Schäle jetzt noch die Zwiebel und schneide sie quer in Scheiben oder in Würfel.

5. Dann gibst du die so vorbereiteten Zutaten in die große Schüssel.

6. Für die Salatsoße verrührst du die Mayonnaise, den Essig, den Senf und den Joghurt, Salz und Pfeffer in der kleinen Schüssel mit einem Schneebesen.

7. Wasche die Petersilie und schneide sie mit dem Küchenmesser klein.

8. Dann gießt du die Salatsoße über den Gemüsesalat, mischst alles vorsichtig durch und streust die Petersilie darüber.

Nudelsalat

Für 4 Personen brauchst du:
- 2 l Wasser
- 250 g Hörnchennudeln
- 1 Teelöffel Salz
- 1 Teelöffel körnige Fleischbrühe
- 1/2 Tasse heißes Wasser
- 4–5 Eßlöffel Salatmayonnaise
- 1 Teelöffel Senf
- etwas Salz
- 1 Prise Pfeffer
- 2 Eßlöffel Essig
- 150 g Schinkenwurst
- 2 Essiggurken
- 2 Eßlöffel Tomatenpaprika (aus dem Glas oder frisch)
- 1 kleine Dose Erbsen

Außerdem richtest du:
- großen Kochtopf
- Kochlöffel
- Salatsieb
- große Salatschüssel
- Schneebesen
- Salatbesteck
- Küchenmesser
- Schneidbrettchen
- Dosenöffner

Und so wird's gemacht:

1. Koche das Wasser in einem großen Kochtopf auf Stufe 3. Dann gibst du die Nudeln und das Salz dazu, schaltest auf Stufe 1 und läßt die Nudeln 8 Minuten kochen. Rühre dabei ab und zu um. Sie dürfen nicht zu weich sein, damit sie im Salat nicht zerfallen.

2. Dann stellst du das Salatsieb ins Spülbecken und schüttest die Nudeln hinein. Vorsicht! Alles ist sehr heiß.

3. Verrühre nun die körnige Fleischbrühe in der Salatschüssel mit dem heißen Wasser, so erhältst du eine „schnelle" Brühe.

4. In der Salatschüssel verrührst du jetzt die Mayonnaise, die Fleischbrühe, Senf, Salz, Pfeffer und Essig mit dem Schneebesen zu einer cremigen Salatsoße.

5. Gib die Nudeln zur Salatsoße und vermische alles gut mit dem Salatbesteck.

6. Schneide die Schinkenwurst zuerst in Scheiben, dann in kleine Würfel oder Streifen und gib sie zu den Nudeln.

7. Schneide die Essiggurken in dünne Scheiben, die Tomatenpaprika in Würfel und gib beides zum Salat.

8. Nun öffnest du die Dose mit den Erbsen und schüttest sie in ein Sieb, damit die Flüssigkeit abtropfen kann.

9. Vermische jetzt alle Zutaten vorsichtig miteinander und laß den Nudelsalat 1 Stunde stehen. So verteilen sich alle Geschmackstoffe besser.

10. Danach probierst du noch einmal, ob der Nudelsalat kräftig genug gewürzt ist. Wenn nicht, würzt du nach.

Tip

Dieser Salat läßt sich sehr gut auch zu Grillfesten oder zu einem Picknick mitnehmen.

Pfirsichbowle

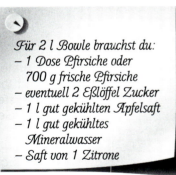

Für 2 l Bowle brauchst du:
- *1 Dose Pfirsiche oder 700 g frische Pfirsiche*
- *eventuell 2 Eßlöffel Zucker*
- *1 l gut gekühlten Apfelsaft*
- *1 l gut gekühltes Mineralwasser*
- *Saft von 1 Zitrone*

Außerdem richtest du:
- Küchenmesser
- Schneidbrettchen
- Bowlengefäß
- Schöpfkelle
- Schaumlöffel

Und so wird's gemacht:
1. Wenn du Dosenpfirsiche nimmst, schütte den Pfirsichsaft in das Bowlengefäß und schneide dann die Pfirsichhälften klein.
Wenn du frische Pfirsiche nimmst, lege sie einige Minuten in einen Topf mit heißem Wasser, nimm sie dann mit der Schöpfkelle heraus und ziehe die Haut ab. Dann schneidest du sie rundherum mit einem Küchenmesser ein und drehst die Hälften gegeneinander. Nun hast du zwei Hälften und kannst einfach den Stein herausnehmen.
Schneide die Hälften dann in Stücke und vermische sie mit etwas Zucker.

2. Dann gießt du den Apfelsaft und das Mineralwasser über die Pfirsiche und verrührst alles vorsichtig.

Tip

Sehr lustig sieht es aus, wenn du die Bowle in einer ausgehöhlten Melone oder in einem ausgehöhlten Kürbis servierst.

Geburtstagskuchen

Für 1 Kuchen brauchst du:
- 1 Teelöffel Margarine
- 2 Eßlöffel Semmelbrösel
- 250 g Butter oder Margarine
- 250 g Zucker
- 1 Päckchen Vanillinzucker
- 5 Eier
- 1 Eßlöffel Kakao
- 150 g gemahlene Mandeln
- 100 g Mehl
- 1 TL Backpulver
- 200 g Kuvertüre
- Zuckerblümchen

Außerdem richtest du:
- Springform
- Kuchenpinsel
- große Rührschüssel
- elektrisches Handrührgerät mit Schneebesen
- Löffel
- Holzstäbchen
- Messer
- Kuchengitter
- Tortenplatte
- Pergamentpapier
- Porzellanschüssel
- kleinen Kochtopf
- Kerzenhalter
- Geburtstagskerzen

Und so wird's gemacht:

1. Fette zunächst die Springform mit einem Teelöffel Margarine ein. Das geht am besten mit einem Kuchenpinsel. Dann streust du die Form mit den Semmelbröseln gleichmäßig aus. Dabei kannst du die Form drehen, die Brösel bleiben so auch am Rand kleben.

2. Rühre die Margarine mit dem Zucker und dem Vanillezucker in einer Rührschüssel sehr gut durch. Dann gibst du ein Ei nach dem anderen dazu und verrührst es kräftig.

3. Anschließend gibst du den Kakao, die gemahlenen Mandeln, das Mehl und das Backpulver dazu und rührst so lange, bis du einen glatten Teig hast.

4. Fülle den Teig in die Springform. Mit einem Löffel verteilst du den Teig gleichmäßig und streichst ihn glatt.

5. Backe den Geburtstagskuchen bei 175°C auf der mittleren Schiene 45 Minuten lang.

6. Am Ende der Backzeit machst du die Garprobe. Stich mit einem Holzstäbchen in die Mitte des Kuchens. Wenn beim Herausziehen kein Teig mehr hängenbleibt, ist der Kuchen gar.

7. Wenn der Kuchen etwas abgekühlt ist, nimmst du ein Messer und streichst am Rand der Springform entlang. So löst du den Teig vom Rand. Dann öffnest du den Ring der Form und nimmst ihn ab.

8. Lege nun ein Kuchengitter auf den Geburtstagskuchen, drehe das Gitter mit dem Kuchen um, so daß der Boden der Form oben liegt. Jetzt kannst du ihn ganz leicht abheben.

9. Wenn der Kuchen ganz ausgekühlt ist, überziehst du ihn mit Schokoladenguß. Lege dazu den Kuchen auf die Tortenplatte.

10. Dann zerbrichst du die Kuvertüre in kleine Stücke und gibst sie in die Schüssel.

11. Gib etwas Wasser in den Kochtopf und laß es heiß werden. Dann stellst du die Schüssel mit der Kuvertüre hinein und wartest, bis die Schokolade geschmolzen ist.

12. Nimm die geschmolzene Kuvertüre aus dem Wasserbad und gieße sie über den Kuchen, verteile sie gleichmäßig mit dem Kuchenpinsel auf dem Kuchen.

13. Wenn die Kuvertüre trocken ist, verzierst du den Kuchen mit Zuckerblümchen und kleinen Kerzen.

Eßbare Geschenke

Sicher hast du schon einiges in diesem Buch an Rezepten ausprobiert und mit viel Erfolg gekocht. Dann verschenke doch einmal etwas Selbstgebackenes oder Selbstgekochtes. Deine Freunde, deine Eltern, Geschwister oder Großeltern freuen sich ganz bestimmt darüber.

Schokoladenkuchen zum Vatertag

Für 1 Kuchen brauchst du:
- 1 Teelöffel Margarine
- Backpapier
- 175 g Kokosfett
- 2 Eier
- 1 Prise Salz
- 4 Eßlöffel Kakaopulver
- 150 g Puderzucker
- 1 Teelöffel Instant-Pulverkaffee, koffeinfrei
- 1 Eßlöffel heißes Wasser
- 5 Eßlöffel gemahlene Mandeln
- 25 Butterkekse

zum Verzieren:
- Mandeln
- Geleefrüchte
- Zuckerblümchen

Außerdem richtest du:
- Kuchenpinsel
- kleine Kastenform (etwa 20 cm lang)
- Backpapier
- Schere
- kleinen Kochtopf
- Rührschüssel
- Rührlöffel
- Tasse
- Eßlöffel

Und so wird's gemacht:
1. Fette zuerst die Kastenform mit Margarine ein. Dann schneidest du aus Backpapier ein Stück aus, das in die Form paßt, das Papier muß überstehen. Lege die Kastenform damit innen aus und drücke sie auch in den Ecken gut an.

2. Breche jetzt das Kokosfett in Stücke und gib sie in den Kochtopf. Erwärme das Fett auf Stufe 1, bis es geschmolzen ist.

3. Verrühre dann die Eier, das Salz, den Kakao und den Puderzucker in der Rührschüssel.

4. In einer Tasse löst du den Pulverkaffee in einem Eßlöffel heißem Wasser auf.

5. Dann gießt du die Kaffeelösung in die Rührschüssel und rührst gut um.

6. Nacheinander rührst du jetzt das lauwarme, flüssige Kokosfett und dann die gemahlenen Mandeln zur Schokoladenmasse.

7. Bedecke dann den Boden der Kastenform mit Schokoladenmasse und lege darauf eine Schicht Butterkekse.

8. Fülle dann weiter abwechselnd Schokoladencreme und Butterkekse ein. Die letzte Schicht muß Schokoladenmasse sein.

9. Bevor die oberste Schokoladenschicht fest wird, verzierst du sie hübsch mit den Mandeln, Geleefrüchten und den Zuckerblümchen.

10. Nun kommt der Kuchen über Nacht in den Kühlschrank, damit er fest wird.

11. Am nächsten Tag entfernst du vorsichtig die Kastenform (am besten mit Hilfe des Backpapiers). Dann löst du das Backpapier und legst den Kuchen auf eine Porzellanplatte.

Tip

Kokosfett ist in 250-g-Platten erhältlich. Um 175 g Kokosfett zu bekommen, nimmst du zuerst eine Hälfte der gekauften Platte und dann noch knapp die Hälfte vom übrigen Teil.

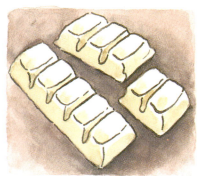

Rahmbonbons

Dazu brauchst du:
- 2 Teelöffel Öl
- 1/4 l süße Sahne
- 80 g Honig
- 300 g Zucker

Außerdem richtest du:
- flache Porzellanplatte
- Backpinsel
- großen Kochtopf
- Holzkochlöffel
- Messer
- Zellophanpapier zum Einwickeln

Und so wird's gemacht:
1. Öle die Porzellanplatte ein.

2. In einem großen Kochtopf mischst du Sahne, Honig und Zucker. Dann erhitzt du alles auf Stufe 3 und rührst so lange, bis die Masse hellbraun und dickflüssig geworden ist.

3. Gieße die Bonbonmasse noch heiß auf die Porzellanplatte. Wenn die Masse etwas abgekühlt ist, teilst du sie mit dem Messer in 2 cm große Quadrate.

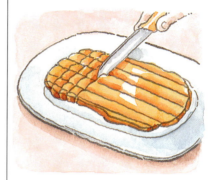

4. Laß die Rahmbonbons ganz erkalten, dann wickelst du sie einzeln hübsch in Zellophanpapier ein.

Mandelknusperchen

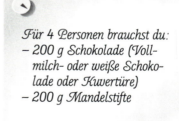

Für 4 Personen brauchst du:
- 200 g Schokolade (Vollmilch- oder weiße Schokolade oder Kuvertüre)
- 200 g Mandelstifte

Außerdem richtest du:
- kleinen Kochtopf
- Porzellanschüssel, die etwas größer als der Topf ist
- Eßlöffel
- 2 Teelöffel
- Backpapier oder gefettetes Pergamentpapier
- Pralinentütchen

Und so wird's gemacht:
1. Fülle den Kochtopf zur Hälfte mit Wasser und stelle die Porzellanschüssel auf den Topf.

2. Nun brichst du die Schokolade in kleine Stückchen und legst sie in die Schüssel. Erhitze jetzt das Wasser auf Stufe 1, bis die Schokolade geschmolzen ist.

3. Dann nimmst du die Porzellanschüssel aus dem Topf und mischst die Mandelstifte darunter.

4. Mit 2 Teelöffeln setzt du Portionen auf das Backpapier.

5. Laß die Mandelknusperchen über Nacht in einem kühlen Zimmer trocknen. Dann setzt du sie in Pralinentütchen.

Walnuß-Aprikosen-Konfekt

Dazu brauchst du:
- 200 g getrocknete Aprikosen
- 4 Eßlöffel Zitronensaft
- 200 g Marzipanrohmasse
- 200 g Puderzucker
- 150 g Walnußhälften
- Pralinenförmchen aus Papier

Außerdem richtest du:
- Küchenmesser
- Schneidbrettchen
- kleine Schüssel
- größere, breite Schüssel

Und so wird's gemacht:

1. Schneide die getrockneten Aprikosen mit dem Messer in sehr kleine Stückchen, lege sie in die kleine Schüssel, träufle den Zitronensaft darüber und laß alles über Nacht zugedeckt stehen.

2. Am nächsten Tag verknetest du die Aprikosen mit der Marzipanrohmasse und dem Puderzucker in einer großen Schüssel. Forme aus dem Teig eine 2 cm dicke Rolle.

3. Von der Rolle schneidest du 1 cm dicke Scheiben ab. Auf jede Scheibe drückst du zum Schluß eine Walnußhälfte.

4. Setze das fertige Konfekt in die Pralinenförmchen.

Falls du das Walnuß-Aprikosen-Konfekt einem Erwachsenen schenken möchtest, darfst du statt Zitronensaft auch Apricot Brandy oder Rum verwenden.

Das große Backfestival

Dieses Kapitel ist für alle kleinen und großen Bäcker gedacht, die gerne Teig rühren, kneten, Brötchen formen, Plätzchen ausstechen und verzieren. Laß dir bei deinen ersten Backversuchen am besten ein wenig von deinen Eltern helfen und vor allem die Handhabung des Herdes genau erklären. So wird der Kuchen bestimmt ein großer Erfolg.

Der Backofen

Damit dein Kuchen gelingt, ist es wichtig, daß euer Herd gleichmäßig und gut heizt und die Temperatur während des Backvorgangs immer gleich bleibt. Es gibt zwei verschiedene Arten von Backöfen. Frage deine Eltern also vor dem Backen, ob ihr einen Heißluftherd oder einen Backofen mit Ober- und Unterhitze habt, damit du die im Rezept angegebene Backtemperatur richtig einstellen kannst.

Umluftbackofen
Durch ein Gebläse wird im Backofen die Luft etwa 40mal in der Minute umgewälzt, so daß die Temperatur im Backofen überall gleich ist. Durch diese Heißluft kannst du nicht nur ein einziges Blech oder nur einen Kuchen im Ofen backen, sondern mehrere auf einmal. Du kannst bis zu 4 Bleche in den Ofen schieben. Dies ist besonders beim Plätzchenbacken wichtig, du kannst alle Stücke auf einmal backen und sparst so Zeit, vor allem aber auch Strom und damit Energie. Wenn du nur einen Kuchen backst, stelle ihn mit dem Backblech auf die mittlere Schiene, so wird er rundum braun.

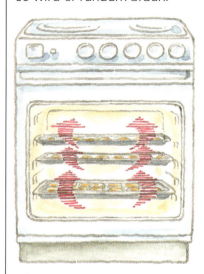

Backofen mit Ober- und Unterhitze
In diesem Backofen wird die Hitze von Heizstäben gleichmäßig von oben und unten abgegeben. Stelle auch hier dein Backwerk mit dem Backblech auf die mittlere Schiene, damit es schön durchgebacken wird. In diesem Backofen kannst du allerdings immer nur 1 Blech backen.
Bevor du deinen Kuchen oder deine Plätzchen in den Ofen schiebst, muß der Backofen die richtige Temperatur erreicht haben. Schalte daher 10 Minuten vorher den Backofen an. Wenn die Kontrollampe am Herd erlischt, ist die Temperatur erreicht und du kannst den Kuchen in den Backofen schieben und backen.

Unsere **Temperaturangaben beziehen sich auf den Umluftbackofen.** Wenn du mit Ober- und Unterhitze bäckst, mußt du zu unseren Temperaturangaben noch etwa 20° C hinzuzählen.

Amerikaner

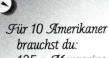

Für 10 Amerikaner
brauchst du:
- 125 g Margarine
- 125 g Zucker
- 1 Ei
- 1 Päckchen Vanillezucker
- 1 Eßlöffel Zitronensaft
- 270 g Mehl
- 1 Teelöffel Backpulver
- 150 g Vollmilchkuvertüre

Tip

Die Amerikaner schmecken auch sehr gut mit einer weißen Glasur. Verrühre dazu 100 g Puderzucker mit 2 Eßlöffeln Wasser oder Zitronensaft.

Außerdem richtest du:
- Rührschüssel
- elektrisches Handrührgerät mit Rührbesen
- Backblech
- Backpapier
- Eßlöffel
- kleine Schüssel
- kleinen Kochtopf
- Kuchenpinsel

Und so wird's gemacht:

1. Gib die Margarine, den Zucker, das Ei, den Vanillezucker, den Zitronensaft, das Mehl und das Backpulver in eine Rührschüssel und rühre mit dem elektrischen Handrührgerät alles 2 Minuten lang durch.

2. Belege das Backblech mit Backpapier. Darauf setzt du dann jeweils 1 Eßlöffel Teig. Laß genügend Abstand, denn die Amerikaner werden beim Backen noch breiter.

3. Backe die Amerikaner 12 Minuten lang bei 175° C, bis sie an den Rändern hellbraun werden. In der Mitte sollen sie hell bleiben.

4. Dann zerbrichst du die Kuvertüre in kleine Stücke und gibst sie in die Schüssel.

5. Gib etwas Wasser in den Kochtopf und laß es heiß werden. Dann stellst du die Schüssel mit der Kuvertüre hinein und wartest, bis die Schokolade geschmolzen ist.

6. Die gebackenen Amerikaner läßt du abkühlen, bis sie nur noch lauwarm sind. Bestreiche sie dann auf der flachen Seite mit der Kuvertüre und laß sie 1 Stunde lang trocknen.

Barbarakuchen

Für 1 Kuchen brauchst du:
- *1 unbehandelte Zitrone*
- *200 g Margarine*
- *250 g Puderzucker*
- *4 Eier*
- *125 g Mehl*
- *125 g Speisestärke*
- *1/2 Teelöffel Backpulver*
- *1 Teelöffel Margarine zum Einfetten*
- *250 g Puderzucker für den Guß*

Außerdem richtest du:
- Rohkostreibe
- Rührschüssel
- elektrisches Handrührgerät mit Rührbesen
- Kastenform
- Kuchenpinsel
- Zitruspresse
- Holzstäbchen
- Messer
- Topflappen
- Kuchenplatte
- kleine Schüssel
- Eßlöffel

Und so wird's gemacht:
1. Wasche die Zitrone mit warmem Wasser ab und trockne sie gut ab. Dann reibst du mit einer Rohkostreibe rundherum die gelbe Schale ab. Sie gibt später dem Kuchen ein feines und frisches Aroma.

2. Nun gibst du die Margarine, die abgeriebene Zitronenschale, den Puderzucker, die Eier, das Mehl, die Speisestärke und das Backpulver in eine Rührschüssel. Verrühre alle Zutaten 2 bis 3 Minuten lang mit dem elektrischen Handrührgerät.

6. Löse den Kuchen dann mit einem Messer von den Rändern der Kastenform.

7. Danach drehst du die Form mit Topflappen oder -handschuhen vorsichtig um, so daß der Kuchen auf eine Kuchenplatte gleitet. Vorsicht! Alles ist sehr heiß!

3. Dann fettest du die Kastenform innen mit Margarine ein. Fülle den Teig hinein und backe den Kuchen 60 Minuten lang bei 175° C.

5. Nach dem Backen stichst du mit einem kleinen spitzen Hölzchen in die Mitte des Kuchens. Wenn kein Teig daran hängen bleibt, ist der Kuchen fertig.

8. Wenn der Kuchen etwas abgekühlt ist, drehst du ihn wieder um. Verrühre dann 4 Eßlöffel Zitronensaft mit dem Puderzukker und verteile den Zitronenguß mit dem Löffel auf dem Kuchen.

4. Während der Kuchen backt, preßt du die Zitrone mit der Zitruspresse aus.

Tip

Verwende zu diesem Rezept unbedingt eine unbehandelte Zitrone. Du bekommst sie beim Obsthändler. Normale Zitronen sind ungeeignet, weil ihre Schalen mit Konservierungsstoffen eingesprüht sind.

Schneckennudeln

Für 12 Schneckennudeln brauchst du:
Teig:
– 500 g Mehl
– 1 Würfel frische Hefe
– 1 Teelöffel Zucker
– 1/4 l Milch
– 1 Teelöffel Margarine
– 80 g Zucker
– 80 g Margarine
– 1 Prise Salz
– 2 Eßlöffel Mehl

Füllung:
– 100 g Butter
– 100 g gemahlene Haselnüsse
– 50 g Zucker
– 1 Teelöffel Zimtpulver
– 1/2 Tasse Milch
– 100 g Rosinen

Außerdem richtest du:
– großes, feinmaschiges Sieb oder Mehlsieb
– große Rührschüssel
– Gabel
– kleinen Kochtopf
– elektrisches Handrührgerät mit Knethaken
– Teigroller
– Messer
– Kuchenpinsel
– Backblech
– Küchentuch

Und so wird's gemacht:

1. Siebe das Mehl in die Rührschüssel und drücke mit dem Löffel in die Mitte eine Mulde.

2. Dahinein bröckelst du die Hefe und streust 1 Teelöffel Zucker darüber.

3. Jetzt erwärmst du die Milch in einem kleinen Kochtopf, bis sie lauwarm ist.

4. Gieße die Hälfte der lauwarmen Milch in die Mulde in der Rührschüssel und verrühre von der Mitte aus Hefe, Zucker, Milch und etwas Mehl zu einem weichen Brei, dem Vorteig.

5. Diesen Vorteig läßt du zugedeckt 10 Minuten gehen. Dabei wachsen die Hefezellen und lockern den Teig.

6. In der Zwischenzeit fettest du das Backblech mit 1 Teelöffel Margarine ein.

7. Anschließend gibst du die restliche Milch, den Zucker, die Margarine und das Salz zum Vorteig und knetest mit dem elektrischen Handrührgerät, bis ein weicher, geschmeidiger Teig entsteht, der nicht mehr klebt.

8. Bestreue eine Arbeitsfläche mit 2 Eßlöffeln Mehl und rolle darauf den Teig aus, bis die Teigplatte etwa 50 cm lang und 40 cm breit ist.

9. Jetzt bereitest du den Belag vor. Erwärme dazu die Butter in dem kleinen Kochtopf, bis sie schmilzt.

10. Dann rührst du die Haselnüsse, den Zucker, den Zimt und die Milch dazu.

11. Verteile die Haselnußmasse auf dem Teig. Zuletzt streust du die Rosinen darüber.

12. Jetzt rollst du die Teigplatte von der längeren Seite her auf und schneidest mit einem Messer 3 cm dicke Scheiben ab.

13. Lege die Scheiben nicht zu dicht nebeneinander auf das zuvor gefettete Backblech und decke sie mit einem Geschirrtuch ab. Die Stücke müssen nochmals 20 Minuten gehen.

14. Jetzt werden die Schneckennudeln bei 175° C im Backofen 15 Minuten lang gebacken.

15. Zuletzt bestreust du die fertigen Schneckennudeln mit etwas Puderzucker.

Tip

Statt Haselnüsse kannst du auch gemahlene Mandeln, Kokosflocken oder gemahlenen Mohn verwenden.

Omas Butterkuchen

Für 20 Stücke brauchst du:
Teig:
- 500 g Mehl
- 1 Würfel frische Hefe
- 1 Teelöffel Zucker
- 1/4 l Milch
- 80 g Zucker
- 80 g Margarine
- 1 Teelöffel Margarine
- 2 Eßlöffel Mehl

Belag:
- 150 g Butter
- 50 g Zucker
- 1 Päckchen Vanillezucker
- 100 g Mandelblättchen

Außerdem richtest du:
- Rührschüssel
- Eßlöffel
- kleinen Kochtopf
- elektrisches Handrührgerät mit Knethaken
- Teigroller
- Kuchenpinsel
- Backblech
- Küchentuch
- Messer

Und so wird's gemacht:
1. Bereite einen Hefeteig, wie im Rezept „Schneckennudeln" Seite 96 beschrieben, zu.

2. Den fertigen Teig rollst du auf einer mit etwas Mehl bestreuten Fläche gleichmäßig aus und legst ihn dann auf ein gefettetes Blech.

3. Decke den Teig mit einem Küchentuch ab und lasse ihn 20 Minuten gehen.

4. Mit dem Finger drückst du dann in gleichmäßigen Abständen kleine Vertiefungen in den Teig. Schneide mit dem Messer die Butter in kleine Würfel und drücke je einen in die Vertiefungen.

7. Schneide den Kuchen in 20 gleich große Stücke.

— *Tip* —

Butterkuchen schmeckt am besten, wenn er ganz frisch ist.

Apfel- und Zwetschgenkuchen

Aus dem gleichen Teig kannst du auch einen saftigen Apfel- oder Zwetschgenkuchen zubereiten.

Für **Apfelkuchen** belegst du den Teig mit dicken Apfelschnitzen und streust einige Rosinen darüber.

Für einen **Zwetschgenkuchen** brauchst du ungefähr 1 Kilogramm Zwetschgen.

1. Wasche und halbiere die Zwetschgen und nimm den Stein heraus.

2. Dann legst du sie mit der Schnittfläche nach oben dicht auf die Teigplatte.

Apfel- oder Zwetschgenkuchen wird bei 175°C 40 Minuten lang gebacken. Auf den Zwetschgenkuchen kannst du anschließend noch 2 bis 3 Eßlöffel Zucker streuen.

5. Dann streust du den Zucker, den Vanillezucker und zuletzt die Mandelblättchen auf den Kuchen.

6. Jetzt wird der Butterkuchen auf der mittleren Schiene bei 200°C gebacken. Nach 15 bis 20 Minuten ist er fertig. Dann muß er eine goldbraune Farbe haben.

Biskuitrolle mit Erdbeer-Sahne-Füllung

Für 1 Biskuitrolle brauchst du:
Teig:
– 3 Eier
– 120 g Puderzucker
– 120 g Mehl
– 1 Teelöffel Backpulver
– 2 Eßlöffel Zucker zum Bestreuen
– etwas Puderzucker zum Bestreuen

Füllung:
– 1 Becher Schlagsahne
– 2 Eßlöffel Erdbeermarmelade

Außerdem richtest du:
– Backblech
– Backpapier
– 2 Rührschüsseln
– elektrisches Handrührgerät mit Rührbesen
– Mehlsieb
– Schneebesen
– Teigschaber
– Küchentuch

Und so wird's gemacht:
1. Belege das Backblech mit Backpapier. Falte das Papier am Rand etwas hoch, damit der Teig später nicht am Blech kleben bleibt.

2. Schalte den Backofen schon jetzt auf 175°C ein, denn Biskuitteig ist sehr zart und empfindlich und muß sofort im vorgeheizten Backofen gebacken werden.

3. Gib die Eier und den Puderzucker in eine Rührschüssel, rühre mit dem elektrischen Handrührgerät auf höchster Stufe 12 Minuten lang. Es entsteht eine schaumige, cremige Masse.

4. Vermische Mehl und Backpulver. Dann siebst du die Mischung auf den Teig.

5. Mit dem Schneebesen hebst du das Mehl nun sehr vorsichtig unter die Eiercreme. Du darfst dabei nicht rühren, sondern du bewegst den Schneebesen nur langsam quer durch die Schüssel. Nach jedem Durchziehen klopfst du den Schneebesen leicht am Schüsselrand ab. Mische das Mehl wirklich sehr vorsichtig unter, so bleibt der Biskuit locker und luftig.

6. Wenn alles Mehl mit der Crememasse vermischt ist, verteilst du den Biskuitteig sofort auf dem Backblech. Dazu benutzt du am besten einen Teigschaber oder einen Löffel.

7. Die Teigplatte muß dann sofort in den heißen Backofen geschoben werden. Backe sie bei 175°C 10 Minuten lang.

8. Lege ein Küchentuch auf die Arbeitsfläche und streue 2 Eßlöffel Zucker darauf.

9. Die fertig gebackene Biskuitplatte stürzt du sofort auf das gezuckerte Küchentuch und ziehst das Backpapier vorsichtig ab.

10. Schlage nun die Sahne mit dem elektrischen Handrührgerät sehr steif. Dann gibst du die Erdbeermarmelade dazu und rührst nochmal alles vorsichtig kurz durch.

11. Verteile die Erdbeercreme auf der Teigplatte und rolle die Teigplatte mit Hilfe des Küchentuches auf.

12. Zuletzt streust du noch etwas Puderzucker auf die gefüllte Biskuitrolle und schneidest sie zum Servieren in Scheiben.

Feine Waffeln

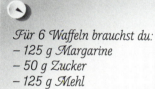

Für 6 Waffeln brauchst du:
- 125 g Margarine
- 50 g Zucker
- 125 g Mehl
- 4 Eier
- 1 Päckchen Vanillezucker
- 4 Eßlöffel süße Sahne oder Milch
- 1 Eßlöffel Margarine
- etwas Puderzucker

Außerdem richtest du:
- Rührschüssel
- elektrisches Handrührgerät mit Rührbesen
- Waffeleisen
- Kuchenpinsel
- Eßlöffel

Und so wird's gemacht:

1. Gib die Margarine, den Zucker, das Mehl, die Eier, den Vanillezucker und die Sahne in eine Rührschüssel und rühre mit dem elektrischen Handrührgerät 2 Minuten lang, bis ein cremiger, glatter Teig entsteht.

2. Erhitze das Waffeleisen auf der mittleren Heizstufe. Dann fettest du es mit dem Kuchenpinsel und der Margarine sehr gut ein.

3. Gib 2 Eßlöffel Teig in das Waffeleisen und schließe den Deckel. Beim Erlöschen der Kontrolllampe ist die Waffel fertig. Ist sie zu hell, stellst du das Waffeleisen bei der nächsten Waffel eine Stufe höher ein.

4. Backe nun die restlichen Waffeln und bestreue sie mit Puderzucker.

Apfelwaffeln

Für 6 Waffeln brauchst du:
- *125 g Margarine*
- *40 g Zucker*
- *2 Eier*
- *125 g Mehl*
- *1/2 Teelöffel Backpulver*
- *1 Eßlöffel gemahlene Nüsse*
- *1/2 Teelöffel Zimtpulver*
- *1/2 Tasse Milch*
- *1 Apfel*
- *1 Eßlöffel Margarine*
- *1 Eßlöffel Puderzucker*

Außerdem richtest du:
- Rührschüssel
- elektrisches Handrührgerät mit Rührbesen
- Küchenmesser
- Schneidebrettchen
- Waffeleisen
- Kuchenpinsel
- Eßlöffel

Und so wird's gemacht:

1. Gib die Margarine, den Zucker, die Eier, das Mehl, das Backpulver, die Nüsse, das Zimtpulver und die Milch in eine Rührschüssel. Mit dem elektrischen Handrührgerät rührst du alles 2 Minuten lang, bis ein cremiger Teig entsteht.

2. Wasche den Apfel und schäle ihn. Teile ihn in Viertel, schneide das Kerngehäuse heraus.

3. Dann schneidest du ihn in sehr kleine Würfel und mischst sie mit dem Teig.

4. Erhitze das Waffeleisen auf der mittleren Heizstufe. Dann fettest du es mit dem Kuchenpinsel und der Margarine sehr gut ein.

5. Gib 2 Eßlöffel Teig in das Waffeleisen, schließe den Deckel und warte, bis die Kontrollampe erloschen ist. Jetzt ist die Waffel fertig.

6. Backe auf die gleiche Weise alle anderen Waffeln und bestreue sie anschließend mit Puderzucker.

Gebackene Ostereier

Für die Ostereier brauchst du:
Teig:
– 1 Zitrone
– 400 g Zucker
– 5 Eßlöffel Honig
– 60 g Butter
– 1 Ei
– 1 Prise Salz
– 1 Päckchen Lebkuchen-
  gewürz
– 1 Päckchen Backpulver
– 650 g Mehl
– etwas Margarine
– 2 Eßlöffel Dosenmilch
– etwas Mehl

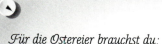

zum Verzieren:
– 250 g Puderzucker
– 1 Eiweiß
– Lebensmittelfarbe
– Zuckerdragees
– Liebesperlen
– bunte Zuckerblümchen
– bunte Zuckerstreusel
– Zuckerhäschen

Außerdem richtest du:
– Zitronenpresse
– Kochtopf
– Kochlöffel
– Backblech
– Teigroller
– Messer
– Kuchenpinsel
– kleine Rührschüssel
– Spritzbeutel mit feiner
  Lochtülle

Und so wird's gemacht:

1. Schneide die Zitrone mit dem Messer in der Mitte durch, presse die Hälften auf der Zitronenpresse aus.

2. Erwärme den Zucker, den Honig, den Zitronensaft und die Butter in einem Topf auf Stufe 1 bis alles geschmolzen ist.

3. Dann rührst du das Ei, das Salz und das Lebkuchengewürz mit dem Kochlöffel unter, vermischst das Backpulver mit dem Mehl und rührst es ebenfalls unter den Teig.

4. Dann gibst du den Teig auf eine bemehlte Arbeitsfläche und knetest ihn gut durch. Es muß ein fester, geschmeidiger Teig entstehen. Diesen Teig stellst du nun eine Stunde lang in den Kühlschrank.

5. In der Zwischenzeit fettest du ein Backblech mit der Margarine ein.

6. Dann streust du etwas Mehl auf die Arbeitsplatte und rollst den Teig darauf 1 cm dick aus. Schneide nun mit dem Messer Ostereierformen daraus.

7. Lege die Ostereier auf das Blech und bepinsle sie mit etwas Dosenmilch.

8. Dann backst du sie bei 175° C im Backofen 20 Minuten lang.

9. Danach legst du sie zum Erkalten auf ein Kuchengitter. Verrühre den Puderzucker mit dem Eiweiß in einer kleinen Rührschüssel zu einer ganz zähen Masse. Ist sie etwas zu fest, kannst du noch 1/2 Teelöffel Wasser dazugeben.

10. Teile die Masse in mehrere Portionen und färbe sie mit Lebensmittelfarbe unterschiedlich ein.

11. Fülle die Zuckermasse in einen Spritzbeutel mit feiner Lochtülle, drehe ihn oben zu und verziere die Eier, wie du es am liebsten hättest. Einige Vorschläge siehst du unten.

12. Mit der Zuckermasse kannst du auch Zuckerdragees, Liebesperlen, Zuckerblümchen, Zuckerhäschen und die Zuckerstreusel festkleben.

Wenn du willst, kannst du dir auch fertige Zuckerschrift kaufen, die es in bunten Farben beim Kaufmann gibt. Damit kannst du die Ostereier nach Herzenslust bemalen.

Weihnachtsbaum

Für 1 Baum brauchst du:
Teig:
– 1 Zitrone
– 400 g Zucker
– 5 Eßlöffel Honig
– 60 g Butter
– 1 Ei
– 1 Prise Salz
– 1 Päckchen Lebkuchengewürz
– 1 Päckchen Backpulver
– 650 g Mehl
– etwas Mehl
– etwas Margarine
– 2 Eßlöffel Dosenmilch

zum Verzieren:
– 250 g Puderzucker
– 1 Eiweiß
– 2 Eßlöffel Puderzucker

Außerdem richtest du:
– Pergamentpapier
– Bleistift
– Schere
– Zitruspresse
– Kochtopf
– Kochlöffel
– Teigroller
– Messer
– Backblech
– Kuchenpinsel
– Rührschüssel
– Teelöffel
– 10 kleine Puppenkerzen
– kleines Sieb

Und so wird's gemacht:
1. Pause die Sterne einzeln von der Schablone ab. Dazu faltest du das Pergamentpapier in der Hälfte, paust die Sternenhälften einzeln ab und schneidest sie aus.

2. Bereite dann den Teig zu, wie er im Rezept „Gebackene Ostereier" auf Seite 104 beschrieben ist, und stelle ihn dann für 1 Stunde in den Kühlschrank.

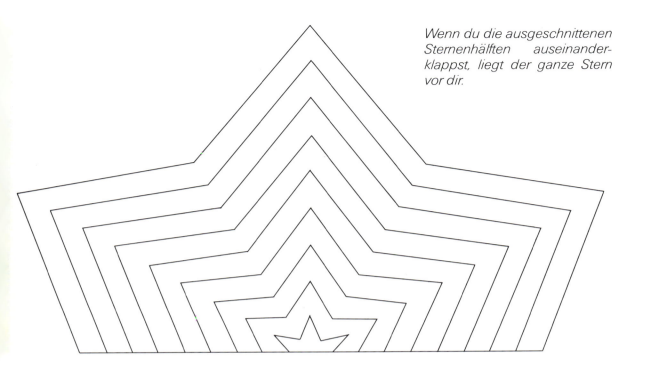

Wenn du die ausgeschnittenen Sternenhälften auseinanderklappst, liegt der ganze Stern vor dir.

3. Rolle den Teig danach auf einer bemehlten Fläche 1 cm dick aus, lege die Schablonen auf den Teig und schneide mit dem Messer 9 verschieden große Sterne aus.

4. Die Sterne legst du dann auf ein gefettetes Backblech, bepinselst sie mit Dosenmilch und bäckst sie bei 175° C 20 Minuten lang.

5. Wenn die Sterne fertig gebakken sind, legst du sie auf ein Kuchengitter zum Auskühlen.

6. Verrühre 250 g Puderzucker und das Eiweiß in einer kleinen Rührschüssel zu einer festen Masse.

7. Klebe die Sterne der Größe nach mit je einem Teelöffel Puderzuckermasse zusammen. Den kleinsten Stern stellst du auf die Spitze des Baumes.

8. Forme aus der restlichen Puderzuckermasse ganz kleine Kugeln und befestige damit die Puppenkerzen.

9. Wenn alles trocken ist, besiebst du den Weihnachtsbaum dick mit Puderzucker, so daß er aussieht wie ein Tannenbaum im Schnee.

Friesenkekse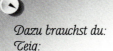

Dazu brauchst du:
Teig:
- 200 g Mehl
- 70 g Zucker
- 125 g Margarine
- 1 Päckchen Vanillezucker
- 1 Eigelb

Knusperrand:
- 1 Eiweiß
- 50 g gehackte Mandeln
- 50 g Hagelzucker

Außerdem richtest du:
- Rührschüssel
- elektrisches Handrührgerät mit Knethaken
- Kuchenpinsel
- Küchenmesser
- Backblech
- Backpapier

Und so wird's gemacht:

1. Gib alle Zutaten für den Teig in eine Rührschüssel und knete mit dem elektrischen Handrührgerät alles gut durch.

2. Es entsteht ein sehr fester Teig. Zum Schluß knetest du ihn noch mit den Händen weiter und drückst alles zu einem festen Kloß zusammen.

3. Aus dem Teig formst du anschließend eine Rolle von 3 cm Durchmesser.

4. Mische den Hagelzucker mit den gehackten Mandeln und streue die Mischung auf eine Arbeitsfläche.

5. Dann pinselst du die Teigrolle rundherum mit dem Eiweiß ein und rollst sie durch die Zucker-Mandel-Mischung.

6. Lege die Teigrolle danach für 30 Minuten lang in den Kühlschrank, damit sie fester wird.

7. Nun schneidest du mit einem Küchenmesser von der Teigrolle Scheiben ab. Jede Scheibe soll 1/2 cm dick sein.

8. Belege ein Backblech mit Backpapier. Darauf legst du die Kekse.

9. Backe die Friesenkekse im Backofen 6 Minuten lang bei 180° C, so daß sie goldgelb sind.

Bunte Plätzchen

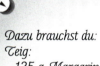

Dazu brauchst du:
Teig:
- *125 g Margarine*
- *125 g Zucker*
- *1 Päckchen Vanillezucker*
- *1 Ei*
- *250 g Mehl*
- *Mehl zum Bestreuen*

zum Verzieren:
- *1 Eigelb*
- *1 Eßlöffel Milch*
- *bunte Zuckerperlen*
- *Kokosflocken*
- *Hagelzucker*

Außerdem richtest du:
- Rührschüssel
- elektrisches Handrührgerät mit Knethaken
- Backblech
- Backpapier
- Teigroller
- Ausstechförmchen
- Tasse
- Kuchenpinsel

Und so wird's gemacht:

1. Gib die Margarine, den Zucker, den Vanillezucker, das Ei und das Mehl in eine Rührschüssel. Mit dem elektrischen Handrührgerät knetest du alles gut durch. Es entsteht ein fester Teig, den du zum Schluß mit den Händen zu einer Kugel zusammendrückst.

2. Lege die Teigkugel für einige Minuten in den Kühlschrank. In der Zwischenzeit richtest du ein Backblech und belegst es mit Backpapier.

3. Streue 2 Eßlöffel Mehl auf eine Arbeitsplatte und lege den Teig darauf.

4. Bestreue den Teig mit etwas Mehl und rolle ihn mit dem Teigroller 1/2 cm dick aus.

5. Nun kannst du mit den verschiedenen Ausstechförmchen kleine Kreise, Sterne, Herzen oder Monde ausstechen. Lege diese dann auf das Backblech.

6. Vermische in einer Tasse Eigelb und Milch. Damit bepinselst du jedes Plätzchen auf der Oberseite.

7. Nun verzierst du die Plätzchen mit Zuckerperlen, Kokosflocken oder Hagelzucker, wie es dir am besten gefällt.

8. Backe die Plätzchen auf der mittleren Schiene 8 Minuten lang bei 190°C schön goldgelb.

Haferbrot

Für 1 Brot brauchst du:
- 750 g Mehl
- 1 Würfel frische Hefe
- 1 Teelöffel Zucker
- 1/2 l Buttermilch
- 1 Teelöffel Margarine
- 1 Eßlöffel Salz
- 250 g grobe Haferflocken
- 3 Eßlöffel Haferflocken zum Bestreuen
- 2 Eßlöffel Milch

Außerdem richtest du:
- große Rührschüssel
- Eßlöffel
- kleinen Kochtopf
- Küchentuch
- Kastenform
- Kuchenpinsel
- elektrisches Handrührgerät mit Knethaken

Und so wird's gemacht:
1. Gib das Mehl in die Rührschüssel und drücke mit dem Löffel in die Mitte eine Mulde. Dahinein bröckelst du die Hefe und streust den Zucker darüber.

2. Erwärme nun die Buttermilch in dem kleinen Kochtopf, bis sie leicht lauwarm ist. Vorsicht! Die Milch darf auf keinen Fall heiß werden, denn sonst gerinnt sie. Probiere ab und zu mit dem Finger, wie warm die Milch ist.

3. Gieße die Milch nach und nach zur Hefe und rühre mit dem Löffel in der Mitte der Schüssel einen dünnen Teig, den Vorteig, an. Bedecke diesen Vorteig mit einem Küchentuch und laß ihn 10 Minuten gehen. Dabei wachsen die Hefezellen.

4. Fette die Kastenform innen mit etwas Margarine ein.

5. Nun gibst du die Haferflocken und das Salz zum Teig und knetest mit dem elektrischen Handrührgerät alles gut durch.

6. Fülle den Teig in die Kastenform, bepinsle ihn oben mit Milch und streue die 3 Eßlöffel Haferflocken darüber.

7. Laß das Haferbrot vor dem Backen noch eine halbe Stunde an einem warmen Platz aufgehen, bis es etwa doppelt so groß geworden ist.

8. Das Haferbrot wird dann im Backofen 50 Minuten lang bei 250°C gebacken. Danach läßt du es etwas abkühlen, bevor du es aus der Form nimmst.

Tip

Hafer enthält viele wertvolle Vitamine und Aufbaustoffe. Deshalb ist dieses selbstgemachte Haferbrot nicht nur besonders lecker, sondern auch sehr gesund.

Haferflockenplätzchen

Für 40 Plätzchen brauchst du:
- 125 g Butter
- 65 g Zucker
- 90 g Mehl
- 75 g zarte Haferflocken
- 1 Ei
- bunte Belegkirschen

Außerdem richtest du:
- Rührschüssel
- elektrisches Handrührgerät mit Knethaken
- Backblech
- Backpapier
- Kuchenmesser

Und so wird's gemacht:
1. Gib die Butter, den Zucker, das Mehl, die Haferflocken und das Ei in die Rührschüssel. Mit einem elektrischen Handrührgerät knetest du alles gut durch.

2. Belege das Backblech mit dem Backpapier. Forme nun aus dem Teig kleine Kugeln. Sie sollen etwa so groß wie eine Walnuß sein.

3. Schneide die Belegkirschen einmal in der Mitte durch. Drücke auf jedes Plätzchen eine halbe Belegkirsche.

4. Setze die Plätzchen auf das Backblech und backe sie 15 Minuten lang bei 180°C schön goldgelb.

Tip

Statt Belegkirschen kannst du auch Mandeln oder Haselnüsse zum Verzieren verwenden.
Die fertigen Plätzchen bleiben einige Wochen lang frisch, wenn du sie in einer Blechbüchse verschlossen aufbewahrst.

Rezeptverzeichnis

Amerikaner	93
Apfelkuchen	99
Apfelküchlein	33
Apfelwaffeln	103
Aprikosentörtchen	34
Bananenmilch	20
Barbarakuchen	94
Birne im Schokoladenmantel	25
Biskuitrolle mit Erdbeer-Sahne-Füllung	100
Blumenkohl, überbackener	41
Blumenkohl mit Bröseln	40
Butterkuchen, Omas	98
Buttermilchkaltschale	26
Eier, gefüllte	13
Eier, weichgekochte	60
Eierbrot	12
Eierpfannkuchen	17
Eiersalat	68
Erdbeermilch	21
Friesenkekse	108
Früchte, karamelisierte	32
Fruchteis	28
Früchtequark	23
Geburtstagskuchen	86
Gemüsesalat, bunter	83
Gemüsesuppe	38
Grillwürste	73
Haferbrot	110
Haferflockenplätzchen	111
Hähnchen, gebackenes	67
Hamburger	80
Himbeermarmelade	31
Hörnchen, gefüllte, pikante	65
Joghurt, selbstgemachter	22
Kaffee	61
Kakao, echter	21
Kartoffelauflauf	55
Kartoffelpuffer	57
Kartoffelsalat	69
Kräuterquark	64
Kressebrot	36
Lauchtorte	42
Mandelknusperchen	90
Milchreis	50
Möhrenrohkost	69
Müsli	62
Nudeln, selbstgemachte	44
Nudelsalat	84
Obstkuchen	35
Obstsalat	30
Orangensaft	60
Ostereier, gebackene	104
Pellkartoffeln	54
Pfirsichbowle	85
Pfirsich unter roter Haube	29
Plätzchen, bunte	109
Pommes frites	56
Rahmbonbons	90
Reispfanne, chinesische	51
Risotto mit Pilzen	48
Rührei	14
Sahneeisdessert	2
Salat, bunter, mit Thunfisch	7
Salatschüssel	7
Schinkenei	1
Schinkennudeln mit Ei	1
Schneckennudeln	9
Schnitzel mit Kräutersoße	7
Schokoladenkuchen zum Vatertag	8
Schokopudding	2
Sojabohnensprossen	3
Sonntagsbrötchen	6
Spaghetti mit Hackfleischsoße	4
Spaghetti mit italienischer Tomatensoße	46
Spiegelei	1
Spieße, bunte	7
Stangenweißbrot mit Tomatenfüllung	78
Stockbrot	7
Tee	61
Toastvariationen	52
Tomaten, gefüllte	76
Tomatenei	14
Tomatensuppe	39
Tortellini mit Schinken und Sahnesoße	49
Vanillepudding	24
Vollkornbrötchen	70
Waffeln, feine	102
Walnuß-Aprikosen-Konfekt	91
Weihnachtsbaum	106
Zwetschgenkuchen	99

ISBN 3 8068 4285 X

© 1994 by Falken-Verlag GmbH,
65527 Niedernhausen/Ts.
Die Verwertung der Texte und Bilder, auch auszugsweise, ist ohne Zustimmung des Verlags urheberrechtswidrig und strafbar. Dies gilt auch für Vervielfältigungen, Übersetzungen, Mikroverfilmung und für die Verarbeitung mit elektronischen Systemen.

Titelfoto: Michael Wissing
Fotos: Michael Wissing & Partner
Zeichnungen: Bettina von Hayek
Satz: Fotosatz-Studio Creatype GmbH, Eschborn
Druck: Sebald Sachsendruck, Plauen